Mein eigenes Pony

Einmaleins der Pferdehaltung

Mein eigenes Pony

Einmaleins der Pferdehaltung

Sandy Ransford

Herausgegeben vom PonyClub 2006
Originaltitel: Buying and Keeping a Pony

Layout: Stabenfeldt AS
Übersetzung: Andrea Nieradzik
Redaktion und Satz: Stabenfeldt GmbH
Printed in Italy

ISBN: 3-938308-46-X

Inhalt

Einleitung

Es war schon immer dein größter Wunsch, ein eigenes Pony zu haben? Nun, er könnte in Erfüllung gehen. Aber Ponys sind gar nicht so leicht zu halten, und es ist eine ganz schön große Verantwortung, sich um eins zu kümmern. Um dauerhaft Freude an einem eigenen Pony zu haben und richtig dafür zu sorgen, dass es gesund und zufrieden ist, musst du vor der Anschaffung einiges wissen. Reitponys, die in Ställen untergebracht sind, leben ein völlig anderes Leben als es die Natur für sie vorgesehen hat. Und wer sich die Zeit nimmt zu lernen, wie man die richtigen Vorbereitungen trifft, wird mit seinem eigenen Pony viel Spaß haben.

Ponys sind nicht gerade billig, und wenn du dir eins anschaffst, solltest du sicher sein, dass es auch das Richtige für dich ist. Bevor du die große Entscheidung triffst, musst du gut überlegen, was die Haltung eines Ponys für Kosten beinhaltet, ob du Zeit hast dich darum zu kümmern und wo du es unterstellst.

In diesem Buch kannst du nachlesen, wie du das richtige, zu dir passende Pony auswählst, wo du es findest, wie du es kaufst, wo du es hältst und wie du dich darum kümmern musst, damit es gesund und zufrieden ist. Es gibt außerdem ein Kapitel über Sattelzeug und sonstige Ausrüstung und natürlich ein Glossar, wo du die Worte, die du nicht verstehst, einfach nachschlagen kannst.

Bevor du dich also in das große Abenteuer stürzt, hast du hier die Möglichkeit, so viel du kannst über Ponys zu lernen, um das später auch in die Praxis umzusetzen.

Viel Spaß mit deinem Pony!

Wie finde ich das richtige Pony?

Darauf solltest du achten ...

Du gehörst zu den Glücklichen, die sich ein eigenes Pony kaufen können? Dann ist es wichtig, dass du dir eins suchst, das auch zu dir passt! Wenn du in einer Familie aus Reitern aufgewachsen bist, werden deine Eltern sicher wissen, welches das richtige Pony für dich ist und wo man so ein Pony findet. Wenn nicht, solltest du dir von einem Fachmann helfen lassen. Vielleicht gibt es jemanden an deinem Reitstall, der ein Pony kennt, das zu dir passt und zum Verkauf steht. Oder frage deinen Reitlehrer. All diese Leute werden dir vielleicht bei der Suche helfen können.

Bevor du aber ernsthaft suchst, solltest du wissen, worauf man bei einem Pony achten muss. Ponys gibt es in allen Größen und Farben, und wie wir Menschen haben auch sie sehr unterschiedliche Charaktere und Fähigkeiten. Wichtig ist auf jeden Fall ein gutes Exterieur (Körperbau). Selbst wenn du kein Ponyfachmann bist, kannst du wahrscheinlich erkennen, ob Kopf, Beine und Rumpf des Ponys proportional zueinander passen. Dieses Bild zeigt dir, wie ein Pony aussehen sollte.

Gutes Exterieur

Kopf – weder zu groß noch zu klein. Das Pony sollte aufmerksam sein und sich für das, was in seiner Umgebung geschieht, interessieren.

Ohren – klein, nach vorne gerichtet

Augen – groß, weit auseinander und mit einem freundlichen Ausdruck

Hals – kräftig, aber nicht zu massig und auch nicht zu tief angesetzt

Schultern – möglichst lang und schräg mit viel Ellenbogenfreiheit. Pferde und Ponys mit zu gerader oder steiler Schulter sind meist nicht so bequem zu sitzen.

Rücken – kurz und kräftig, nicht zu abgesenkt

Brust – sollte breit sein

Hinterhand – sollte sehr muskulös und nach hinten hin nicht zu abgeschlagen sein

Gliedmaßen – trocken, frei von Schwellungen und Knoten. Die Fesseln und Hufe sollten außerdem nicht warm sein. Das Pony von vorne betrachtet: die Vorderbeine sollten nicht zu eng beieinander stehen und gerade sein. Von hinten betrachtet: eine gedachte Linie durch die Gelenke sollte gerade sein.

Fesseln – sollten nicht zu steil und nicht zu lang sein

Hufe – rund und nicht zu klein. Vorderhufe sind meist runder als Hinterhufe. Von vorne und hinten betrachtet, sollten die Hufe weder nach innen noch nach außen gerichtet sein.

Sollten dir einige der Begriffe fremd sein, kannst du auf Seite 13 beim Exterieur des Pferdes nachsehen.

Ohren
Schopf
Hals
Mähnenkamm
Mähne
Stirn
Auge
Wangen-
knochen
Ganasche
Nasen-
rücken
Nüster
Maul
Schulter
Widerrist
Lende
Kruppe
Hüfte
Rücken
Schweifrübe
Schweif
Sitzbeinhöcker
Oberschenkel
Unterschenkel
Sprunggelenk
Kehle
Kinnketten-
grube
Kiefer
Drossel-
rinne
Bugspitze
Schulter
Ellbogenhöcker
Unterarm
Vorderfuß-
wurzelgelenk
Vorderröhre
Fessel
Hufkrone
Hufwand
Huf
Rippen
Bauch
Schlauch
Knie
Kastanie
Kastanie
Fesselgelenk
Kötenzopf

Teste dich selbst

Weißt du schon, welches Pony das richtige für dich ist? Sicher hilft es dir, wenn du die folgenden Fragen ehrlich beantwortest.

1. Wie gut reitest du?

a) Du hattest noch nie Reitunterricht, würdest aber gerne reiten.
b) Du hattest nur ein paar Reitstunden, bist aber glücklich, wenn du einfach ein paar Runden in der Bahn drehst.
c) Du kommst an jedem Ort alleine mit einem Pony klar und bist vielleicht sogar schon gesprungen.

2. Wie groß bist du?

Wenn du auf dem Pony sitzt, sind deine Füße ...

a) unterhalb der Bauchlinie.
b) auf Höhe der Bauchlinie.
c) nicht sehr weit unter dem Sattelblatt.

3. Wo stellst du dein Pony unter?

a) zu Hause in einer Box mit Koppel
b) auf einer Koppel ohne Box ganz in der Nähe
c) an einem Pensionsstall mit Box und Koppel
d) an einem Pensionsstall ohne Box

4. Dein reiterliches Ziel?

a) reiten lernen/besser reiten lernen
b) mit meinen Freunden ausreiten
c) Dressur und Springen
d) an Turnieren teilnehmen

Du hast dir deine Antworten genau überlegt? Dann schau hier nach, welches Pony am besten zu dir passt!

1. a) Du brauchst ein nettes, ruhiges Anfängerpony.
b) Ein Anfängerpony wäre sicher richtig für dich, aber du könntest auch mit einem Pony klarkommen, das schon etwas für Fortgeschrittene ist.
c) Du brauchst sozusagen ein „Lernpony“.

2. a) Du bist zu groß für das Pony und vielleicht auch zu schwer.
b) Du hast die richtige Größe für das Pony.
c) Du bist zu klein für das Pony und wirst deshalb mit deinen Beinen nicht die richtigen Hilfen geben können.

3. a) Mit diesen Voraussetzungen kannst du jedes Pony halten.
b) Ein Robustpony wäre genau das Richtige für dich. Ein dünnhäutiger Vollblüter würde sich unter diesen Bedingungen wohl eher unwohl fühlen.
c) siehe Antwort a) oben
d) siehe Antwort b) oben

4. a) Du brauchst ein ruhiges, freundliches Anfängerpony.
b) Du brauchst entweder ein Anfänger- oder ein so genanntes „Lernpony“.
c) Du brauchst entweder ein „Lernpony“, oder, wenn du selbst schon sehr gut im Wettbewerbsreiten bist, ein Turnierpony. Ponys, die erfolgreich auf Turnieren starten, können aber sehr teuer sein!
d) siehe Antwort c) oben

Alter und Größe

Natürlich musst du dir auch darüber Gedanken machen, wie alt dein Pony am besten sein sollte. Wenn du Anfänger bist, möchtest du sicher ein Pony, das seinen Job zuverlässig macht. Also darf es nicht zu jung sein – zehn Jahre sind da ein ganz guter Anhaltspunkt. Viele Ponys sind bis weit über zwanzig gesund und munter und können noch geritten werden. Wenn du nicht zu groß für dein Pony wirst, hättest du also noch viele Jahre etwas von ihm. Wenn du schon ein fortgeschrittener Reiter bist, kannst du dich nach einem „Lernpony" umsehen, mit dem du vielleicht auch an Turnieren teilnehmen

Stallgeflüster

Das Alter bei Pferden

Ein Pony oder Pferd wird bis zu seinem ersten Geburtstag Fohlen genannt. Bis zu seinem zweiten Geburtstag nennt man es dann Jährling. Die meisten Ponys und Pferde werden – je nach Reife – mit drei oder vier Jahren angeritten und müssen von einem Fachmann ausgebildet werden. Ponys und Pferde sind erst mit fünf oder sechs Jahren ausgewachsen und können bis zu 30 Jahre alt werden. Man kann das Alter eines Ponys oder Pferdes auch anhand der Abnutzungen seiner Zähne bestimmen, wobei das jedoch mit zunehmendem Alter immer schwieriger wird.

kannst. In diesem Fall darf es ruhig auch etwas jünger sein.
Die richtige Größe deines Ponys hängt von deiner Körpergröße ab. Diese Tabelle gibt dir einen ungefähren Überblick:

Dein Alter/deine Größe	**Die Größe deines Ponys**
unter 7 Jahre/bis 120 cm	weniger als 110 cm
7–9 Jahre/120–130 cm	112–127 cm
9–12 Jahre/130–145 cm	127–137 cm
12–14 Jahre/145–160 cm	137–147 cm
14–16 Jahre/160–170 cm	147 cm und größer (Großpferde)

Ponytypen und -rassen

Jetzt weißt du sicher schon besser, welche Art von Pony zu dir passen würde. Aber auch der Typ und die Rasse spielen bei der Wahl eine Rolle.
Die meisten Ponys, die dir im Laufe deiner Reitkarriere begegnen, werden nicht reinrassig sein. Reinrassig heißt, dass das Pony zu einer bestimmten Rasse gehört. Dafür müssen beide Elternteile ebenfalls dieser Rasse angehören und in einem Zuchtbuch registriert sein.
Einige Ponys, die du kennst, werden Part-Breds sein. Das heißt, dass ein Elternteil reinrassig und in einem Zuchtbuch registriert ist, oder dass beide Elternteile reinrassig sind, aber jeweils verschiedenen Rassen angehören. Halbblüter sind Pferde oder Ponys, von denen ein Elternteil ein Vollblüter ist.

Bei vielen Ponys wirst du jedoch gar keine Ahnung von ihrer Abstammung haben. Ponys sind wie Menschen Individuen, aber bei einem reinrassigen Pony kannst du einiges über sein Aussehen und seine Charaktereigenschaften vorhersagen.

Typen

Schauen wir uns also einmal die verschiedenen Ponytypen an. Mal sehen, was es so alles gibt:

Anfängerpony

Temperament: ruhig, ausgeglichen, lässt sich nicht so schnell aus der Fassung bringen

Fähigkeiten: fleißig, aber nicht so schnell, so dass man gut auf ihm lernen kann

Mögliche Rassen: New Forest Pony, Welsh Mountain Pony, Dartmoor Pony, oft auch Kreuzungen

Bemerkungen: werden oft von Familien weitergegeben und bringen so zahlreichen Kindern das Reiten bei.

Lernpony

Temperament: gut erzogen, leicht zu handhaben, mit ein bisschen mehr Vorwärtsdrang als das Anfängerpony

Fähigkeiten: kann springen und galoppiert auch gerne.

Mögliche Rassen: Welsh-B Pony, Deutsches Reitpony

Bemerkungen: für etwas fortgeschrittenere Reiter geeignet

Familienpony

Temperament: ruhig und gut erzogen
Fähigkeiten: muss weder über großes Spring- noch über großes Galoppiervermögen verfügen, sollte aber sonst vielseitig sein und auch einen größeren Reiter tragen können
Mögliche Rassen: Haflinger, Fjordpferde, Isländer
Bemerkungen: können sowohl von Kindern als auch von Erwachsenen geritten werden und eignen sich so für alle Familienmitglieder

Reitponys vom Huntertyp

Temperament: gehorsam, aber ein bisschen spritziger als die vorher genannten Typen
Fähigkeiten: sollte so ziemlich alles können – galoppieren, springen, an Jagden und an Springwettbewerben teilnehmen, und so weiter
Mögliche Rassen: Deutsches Reitpony, Connemara, Halbblüter, Welsh-C Pony
Bemerkungen: brauchen einen erfahrenen Reiter

Turnierpony

Temperament: kann nervös und schwierig im Umgang sein
Fähigkeiten: sollte einen ausgezeichneten Körperbau haben und über sehr gute Gangarten verfügen
Mögliche Rassen: Deutsches Reitpony, New Forest, Connemara, Welsh-B Pony, Halbblüter
Bemerkungen: nur für sehr geübte Reiter und Ponyhalter geeignet

Rassen

Wir haben also einige Ponytypen kennen gelernt. Aber was ist mit den einzelnen Rassen? Unsere erste Gruppe stammt aus Großbritannien, wo seit Jahrhunderten verschiedene Rassen im Hügelland und in Mooren leben. Daneben gibt es noch weitere wichtige Rassen aus vielen anderen Ländern, die sich bestens als Reitponys eignen. Alle diese Ponys wollen wir dir auf den nächsten Seiten vorstellen. Fangen wir an!

Highland Pony
Herkunft: Schottland
Ursprüngliche Verwendung: Landwirtschaft
Heutige Verwendung: Wanderreiten, Freizeit, Fahren
Temperament: ruhig und gutmütig
Größe: 132–147 cm
Farben: Falben, Schimmel, Braune, Rappen; einige haben einen Aalstrich und „Zebrastreifen“ an den Beinen; außer einem kleinen Stern auf der Stirn keine weißen Abzeichen
Sonstige Bemerkungen: eine der größten und ältesten britischen Ponyrassen; für manche Reiter sind sie eventuell zu groß und zu breit

Dales Pony
Herkunft: Northumberland, Durham und Nord-Yorkshire, England
Ursprüngliche Verwendung: transportierte als Packpony das Blei aus den Minen
Heutige Verwendung: Fahr-, aber auch Reitpony
Temperament: ruhig
Größe: 140–147 cm
Farbe: alle Grundfarben, meistens Rappen
Sonstige Bemerkungen: wegen der steilen Schulter und der hohen Knieaktion besser zum Fahren geeignet

Fell Pony
Herkunft: nordwestliches England
Ursprüngliche Verwendung: transportierte wie das Dales Pony das Blei aus den Minen
Heutige Verwendung: Reit- und Fahrpony
Temperament: ruhig, gelassen, freundliches Wesen
Größe: etwa 142 cm
Farben: meistens Rappen, manchmal auch Braune
Sonstige Bemerkungen: sehr nah mit dem Dales Pony verwandt

Connemara
Herkunft: Irland
Ursprüngliche Verwendung: Reitpony, Landwirtschaft
Heutige Verwendung: Reitpony für Erwachsene und Kinder
Temperament: ruhig, sensibel
Größe: 132–147 cm
Farben: alle Grundfarben
Sonstige Bemerkungen: sehr schnell; viele Connemaras verfügen über ein außerordentliches Springtalent

New Forest Pony
Herkunft: New Forest in Hampshire, Süd-England
Ursprüngliche Verwendung: Reitpony
Heutige Verwendung: Reitpony für Kinder und Erwachsene
Temperament: ruhig und freundlich
Größe: ein Typ bis zu 135 cm, der andere 137–147 cm
Farben: alle Grundfarben
Sonstige Bemerkungen: verfügt über gute Gangarten

Dartmoor Pony

Herkunft: Dartmoor in Devon, Südwest-England
Ursprüngliche Verwendung: Reitpony
Heutige Verwendung: Reitpony
Temperament: ruhig
Größe: bis zu 127 cm
Farben: meistens Braune und Rappen, ganz selten auch andere Farben
Sonstige Bemerkungen: wegen seiner Größe ein ausgezeichnetes Reitpony für kleine Kinder; springt gut

Exmoor Pony
Herkunft: Exmoor in Devon und Somerset, Südwest-England
Ursprüngliche Verwendung: Reitpony
Heutige Verwendung: Reitpony
Temperament: ruhig, kann aber über einen sehr starken Willen verfügen
Größe: 127–130 cm
Farben: Braune oder Dunkelfalben ohne Abzeichen
Sonstige Bemerkungen: eine der ältesten Ponyrassen der Welt, die heute sehr selten geworden ist; charakteristisch ist die gelbliche Farbe um Augen, Maul (Mehlmaul) und an den Innenseiten der Schenkel; gutes Reitpony

Welsh Pony

Welsh Ponys sind auf der ganzen Welt als hervorragende Reitponys bekannt. Die Rasse wird in vier verschiedene Typen unterteilt: Sektion A (Welsh Mountain Pony), Sektion B (Welsh Pony), Sektion C (Welsh Pony oder Cob-Typ) und Sektion D (Welsh Cob). Nur die Sektionen A und B sind gute Reitponys für Kinder.

Sektion A
Herkunft: Wales
Ursprüngliche Verwendung: Reitpony
Heutige Verwendung: Reit- und Fahrpony
Temperament: ruhig, freundlich, verfügt manchmal über einen starken Willen
Größe: bis zu 122 cm
Farben: alle Grundfarben
Sonstige Bemerkungen: wird von seinen zahlreichen Anhängern als das schönste der britischen Ponys bezeichnet; sehr kräftig für seine Größe; eignet sich hervorragend für kleine Kinder.

Sektion B

Herkunft: Wales (Kreuzung aus Welsh Mountain Ponys und Welsh Cobs)
Ursprüngliche Verwendung: Reitpony
Heutige Verwendung: Reit- und Fahrpony
Temperament: ausdauernd, freundlich, sensibel, lebhaft
Größe: 127–137 cm
Farben: alle Grundfarben
Sonstige Bemerkungen: ideales Reitpony mit guten Gängen; springt gut

Shetland Pony
Herkunft: Shetland Inseln, Schottland
Ursprüngliche Verwendung: Reitpony, Landwirtschaft
Heutige Verwendung: Reiten und Fahren
Temperament: ruhig, freundlich, hat es aber auch faustdick hinter den Ohren
Größe: bis zu 102 cm
Farben: alle Farben
Sonstige Bemerkungen: das kleinste der britischen Ponys ist im Verhältnis zu seiner Größe sehr stark; aufgrund seines mitunter sturen Wesens nicht unbedingt für ganz kleine Kinder geeignet

Andere europäische Rassen

Fjordpferd

Herkunft: Norwegen
Ursprüngliche Verwendung: Farm- und Forstarbeit, Packpony, Reit- und Fahrpony
Heutige Verwendung: Reit- und Fahrpony
Temperament: ruhig, kann aber über einen sehr starken Willen verfügen
Größe: 132–147 cm
Farben: Falben mit Aalstrich und „Zebrastreifen“ an den Beinen; Langhaar schwarzweiß gemischt
Sonstige Bemerkungen: eine alte, primitive Rasse, die von den Wikingern nach Schottland und Island gebracht wurde; das zweifarbige Langhaar wird durch die traditionelle Stehmähne noch unterstrichen

Gotland Pony

Herkunft: Insel Gotland im baltischen Meer, Schweden
Ursprüngliche Verwendung: Farmarbeit
Heutige Verwendung: Reitpony, Trabrennen
Temperament: ruhig
Größe: 122–127 cm
Farben: alle Grundfarben, auch Falben und Isabellen
Sonstige Bemerkungen: werden heutzutage auf dem schwedischen Festland gezüchtet; beliebte Reitponys und gute Springer

Haflinger
Herkunft: Tirol, Österreich
Ursprüngliche Verwendung: Landwirtschaft- und Forstarbeit im Gebirge
Heutige Verwendung: Reit- und Fahrpony für alle Disziplinen
Temperament: ruhig, freundlich, ausdauernd und sehr vielseitig
Größe: 132–147 cm
Farben: immer Füchse mit heller Mähne und hellem Schweif
Sonstige Bemerkungen: eine starke und zähe Rasse

Huzule
Herkunft: Süd-Polen
Ursprüngliche Verwendung: Farmarbeit, Packpony
Heutige Verwendung: Fahrpony, Farmarbeit und Packpony
Temperament: freundlich, intelligent
Größe: 125–135 cm
Farben: meistens Braune und Falben, auch Rappen, Füchse, Schimmel und Schecken
Sonstige Bemerkungen: alte, sehr ursprüngliche Rasse aus den Hochwäldern der Karpaten, sehr zäh

Isländer
Herkunft: Island
Ursprüngliche Verwendung: Reit- und Fahrpony, Landwirtschaft
Heutige Verwendung: Reit- und Fahrpony, Wanderreiten, Gangpferdereiten
Temperament: ruhig und selbstbewusst
Größe: 129–137 cm
Farben: alle Farben
Sonstige Bemerkungen: wird trotz seiner Pony-Größe als Pferd bezeichnet; seine Vorfahren gelangten im 9. Jahrhundert mit den Wikingern nach Island; ist stark und zäh genug um auch die härtesten isländischen Winter zu überstehen; verfügt neben den drei Grundgangarten noch über Tölt und Pass

Konik
Herkunft: Polen
Ursprüngliche Verwendung: Farmarbeit, Fahren
Heutige Verwendung: Farmarbeit, Fahren
Temperament: ruhig und gutmütig
Größe: um die 132 cm
Farben: Graufalben mit Aalstrich und Graubraune
Sonstige Bemerkungen: „Konik" bedeutet „kleines Pferd"; er stammt vom Tarpan ab und ist zäh und sehr stark; wird heute von mehreren polnischen Nationalgestüten und von einigen Privatleuten gezüchtet

Rassen aus den USA

American Shetland

Herkunft: USA
Ursprüngliche Verwendung: Fahrpony
Heutige Verwendung: Fahr-, Reit- und Showpony
Temperament: intelligent, lernwillig, lebhaft und gutmütig
Größe: bis zu 117 cm
Farben: alle Farben
Sonstige Bemerkungen: Die Rasse wurde um 1880 entwickelt, und obwohl sie von den britischen Shetland Ponys abstammt, hat sich im Laufe der Jahre ein ganz eigener Typ herauskristallisiert, der um einiges leichter ist.

Pony of the Americas
Herkunft: Iowa, USA
Ursprüngliche Verwendung: Reitpony
Heutige Verwendung: Reitpony
Temperament: ruhig und gutmütig
Größe: 117–132 cm
Farben: wie beim Appaloosa
Sonstige Bemerkungen: Die Rasse entstand durch die Kreuzung eines Shetland Ponys mit einem Appaloosa. Aufgrund seines freundlichen Wesens ein gutes Reitpony für Kinder.

Rocky Mountain Pony
Herkunft: USA
Ursprüngliche Verwendung: Reitpony
Heutige Verwendung: Reitpony
Temperament: ruhig
Größe: 147–152 cm

Farben: fast nur Braune mit gelblicher Mähne
Sonstige Bemerkungen: Das Stutbuch für die Rasse wurde 1986 eröffnet. Das Rocky Mountain Pony zeigt Veranlagung zum Passgang.

Andere Rassen

Australisches Reitpony

Herkunft: Australien
Ursprüngliche Verwendung: Reitpony
Heutige Verwendung: Reit-, Turnierpony
Temperament: gutmütig und einfach im Umgang
Größe: 145–148 cm
Farben: alle Grundfarben
Sonstige Bemerkungen: Zuchtziel ist ein edles und großliniges Reitpony, das sowohl wegen seines Temperaments als auch wegen seiner Rittigkeit für alle Reitzwecke geeignet ist; es eignet sich für Jugendliche und Erwachsene.

Kaspisches Pony
Herkunft: Iran
Ursprüngliche Verwendung: Reit- und Fahrpony
Heutige Verwendung: Reit- und Fahrpony
Temperament: sanft und intelligent
Größe: 102–122 cm
Farben: alle Farben außer Schecken
Sonstige Bemerkungen: Das Kaspische Pony sieht wie die Miniaturversion eines Pferdes aus. Es handelt sich um eine sehr alte Rasse, auf die auch der Araber zurückgehen könnte.

Criollo

Herkunft: Argentinien

Ursprüngliche Verwendung: Vieharbeit

Heutige Verwendung: Western, Freizeit, Wander- und Distanzreiten, durch Kreuzungen mit Englischem Vollblut entstehen gute Poloponys

Temperament: mutig und sehr auf „seinen“ Menschen bezogen

Größe: 140–152 cm

Farben: Hauptsächlich Falben, aber in Südamerika sind über 100 Farbvarianten bekannt, für die es bei uns gar keine Namen gibt.

Sonstige Bemerkungen: Der Criollo gilt für viele als die zäheste und härteste Rasse der Welt. Bekannt wurde er, als um 1920 der Schweizer Professor Aime Tschiffely mit den beiden Criollos Mancha und Gato von Buenos Aires bis nach New York ritt und dabei über 16 000 Kilometer zurücklegte!

Falabella
Herkunft: Argentinien
Ursprüngliche Verwendung: Haustier, manchmal Fahrpony
Heutige Verwendung: siehe oben
Temperament: freundlich und gutmütig
Größe: 71–86 cm
Farben: alle Farben, auch Appaloosas
Sonstige Bemerkungen: Die Rasse wurde in den zwanziger Jahren des vorigen Jahrhunderts entwickelt. Viele Falabellas haben wegen der jahrelangen Inzucht schwache Beine und ein besonders zartes Fundament.

Pferde

Auch wenn es Pferde und keine Ponys sind, wollen wir dir hier das Arabische und das Englische Vollblut vorstellen, da beide für die Ponyzucht grundlegend sind.

Arabisches Vollblut

Herkunft: zentralarabisches Hochland
Ursprüngliche Verwendung: Reitpferd, Rennen
Heutige Verwendung: Distanz-, Wanderreiten, Western, Freizeit, Springen, Dressur
Temperament: sanft und freundlich, mitunter nervös
Größe: 147–157 cm
Farben: alle Grundfarben
Sonstige Bemerkungen: Die Rasse existiert seit mindestens 4 000 Jahren und hat einen immensen Einfluss auf die Zucht anderer Rassen gehabt; der Araber ist berühmt für seine Ausdauer.

Englisches Vollblut
Herkunft: England
Ursprüngliche Verwendung: Galopprennen
Heutige Verwendung: Galopprennen, Springen, Dressur, Vielseitigkeit, Freizeit
Temperament: sehr hochblütig, mitunter schwierig im Umgang
Größe: 157–168 cm
Farben: alle Grundfarben
Sonstige Bemerkungen: Das Englische Vollblut gilt als das schnellste Pferd der Welt und hat wie das Arabische Vollblut einen entscheidenden Einfluss auf die Entstehung und Veredelung anderer Pferde- und Ponyrassen gehabt.

Farben und Abzeichen

Es gibt keinen Beweis dafür, dass die Farbe oder die Abzeichen eines Ponys Einfluss auf sein Verhalten haben. Dennoch gelten Füchse traditionell als hitzig, während eine hohe weiße Fesselung angeblich ein Zeichen für schwache Hufe oder Gliedmaßen ist. Richtig ist, dass die rosa Haut unter der weißen Fesselung empfindlicher ist und das Pferd daher schneller an Mauke erkranken kann. Welche Farbe soll dein Pony denn nun haben? Sehen wir mal nach:

Farben

Fuchs – rötlich-braunes Fell; Mähne und der Schweif sind meist in der gleichen Farbe, können aber auch heller sein.

Dunkelfuchs – eine dunklere Version des Fuchses

Kastanienbraun – kastanienbraunes Fell; die Mähne, der Schweif und die untere Beinhälfte sind schwarz

Schwarzbraun – fast schwarzes Pferd, das nur an einigen Stellen (zum Beispiel am Maul) braun ist

Braun – braunes Fell mit schwarzer Mähne und schwarzem Schweif

Rappe – ein durch und durch schwarzes Pferd; echte Rappen kommen selten vor und sind deshalb sehr beliebt

Schimmel – werden fast immer dunkel geboren; das Fell wird erst im Laufe der Jahre weiß

Palomino – goldgelbes Fell mit weißer Mähne und weißem Schweif; in den USA gelten Palominos als eigene Rasse

Falbe – weißlich-gelbes bis bräunlich-graues Fell mit schwarzer Mähne und schwarzem Schweif, oft mit Aalstrich und „Zebrastreifen“ an den Beinen

Stichelhaarig – Fell weist besonders an Kopf, Schweifwurzel und an den Beinen weiße Haare auf; das kommt bei Braunen, Füchsen oder Rappen vor; Westernreiter bezeichnen ein stichelhaariges Pferd als „Roan“

Rappschecke – schwarz-weiß gschecktes Pferd

Braunschecke – braun-weiß geschecktes Pferd

Fuchs

Dunkelfuchs

Schwarz-
braun

Braun

Rappe

Schimmel

Palomino

Falbe

Stichelhaarig
(Roan)

Rappschecke

Braunschecke

Abzeichen

Jedes Abzeichen ist einzigartig, weshalb man Pferde anhand ihrer Zeichnung identifizieren kann. Sie werden bei der Ausstellung eines Pferdepasses durch den Tierarzt genau festgehalten.

Weiße Abzeichen am Kopf sind unter anderem: schmale Blesse, breite Blesse, Schnippe, Stern, Laterne.

Weiße Abzeichen an den Beinen sind unter anderem: hochweißer Fuß, halbweißer Fuß, weiße Fessel, weiße Krone.

Weiße Abzeichen am Körper kommen zum Beispiel beim Clydesdale oft vor.

Ein Aalstrich ist ein schwarzer Strich auf dem Rücken.

Manche Pferde haben auch Punkte auf den Abzeichen an ihren Beinen.

Zebrastreifen sind schwarze Streifen an den Beinen und kommen vor allem bei ursprünglichen Rassen vor.

Weiße Abzeichen

Aalstrich

Punkte

Zebrastreifen

Der nächste Schritt

Mittlerweile müsste dein Traumpony Gestalt angenommen haben. Vielleicht weißt du jetzt auch schon, welche Farbe es haben soll! Aber es sind noch einige Dinge zu beachten.

1. Straßensicherheit

Ganz egal, wie sehr du ein Pony möchtest, wenn es nicht vollkommen sicher im Straßenverkehr ist, solltest du es auf keinen Fall kaufen!

2. Gesundheit

Das Pony muss in einer guten körperlichen Verfassung sein und darf keine Lahmheit oder Atemprobleme aufweisen. Du solltest in jedem Fall von einem Tierarzt vor dem Kauf eine Ankaufsuntersuchung durchführen lassen (siehe auch Seite 75).

3. Gutmütigkeit

Ein Pony kann noch so toll gehen, es wird dir auf Dauer keine Freude machen, wenn es jedes Mal, wenn du dich ihm näherst, die Ohren anlegt oder dich beim Aufsatteln und Nachgurten zu beißen versucht.

4. Sympathie

Dein Pony soll dein Freund sein. Und so wie du mit manchen Leuten besser auskommst als mit anderen, wird es auch Ponys geben, die dir mehr liegen als andere. Der Sympathiefaktor spielt also auch bei der Wahl deines eigenen Ponys eine große Rolle!

Ponysuche

Wo also kannst du nun das ideale Pony finden? Da gibt es einige Möglichkeiten!

1. Bekannte

Das ist das Beste und Sicherste. Vielleicht kennst und magst du das Tier eines Bekannten ja schon, das jetzt zufällig verkauft wird. Das würde dich auf jeden Fall vor bösen Überraschungen bewahren! Vielleicht hast du ja auch eine Freundin, die zu groß für ihr Pony geworden ist, oder in deinem Reitstall steht ein passendes Pony zum Verkauf.

2. Anzeige

In den meisten Lokalblättern werden Pferde oft in Annoncen zum Verkauf angeboten. Es gibt auch spezielle Magazine, in denen solche Anzeigen veröffentlicht werden. Sattler, Futtermittelhändler und Reitsportgeschäfte haben ebenfalls oft Verkaufsangebote an ihrem Schwarzen Brett hängen.

Stallgeflüster

Verkaufsanzeigen lesen und verstehen

Wenn du dich noch nicht besonders gut mit Pferden und Ponys auskennst, solltest du einen Fachmann bitten, die Anzeige zu lesen und dir zu erklären, was „zwischen den Zeilen" steht.

„Geht alleine und in der Gruppe ins Gelände", mag auf den ersten Blick nicht sonderlich wichtig erscheinen, ist es aber. Denn es gibt zahlreiche Ponys, die an ihren Artgenossen „kleben" und mit denen man deshalb nicht alleine ins Gelände gehen kann.

„Einwandfreier Charakter" wiederum bedeutet, dass das Pony keine unangenehmen (und gefährlichen!) Angewohnheiten wie Beißen, Schlagen, Steigen oder Durchgehen hat.

3. Pferdehändler

Die meisten von ihnen sind wesentlich besser als ihr Ruf und werden ihr Bestes tun, um das richtige Pony für dich zu finden. Im Gegensatz zu vielen Privatverkäufern können sie sich nämlich keine schlechte Publicity leisten. Vielleicht kennt dein Reitlehrer ja einen guten Händler.

4. Auktion

Die Details über die zum Verkauf angebotenen Tiere stehen in einem Katalog, sodass du dich vor der Auktion informieren kannst. Aber nimm dich in Acht, denn du musst dich wirklich auskennen, wenn du ein gutes Pony bei einer Auktion entdecken willst. Nimm am besten einen Fachmann mit!

Stallgeflüster

Garantien

Beim Kauf eines Ponys sollte auf jeden Fall ein Vertrag abgeschlossen werden, in dem wichtige Eigenschaften und der Gesundheitszustand des Tieres schriftlich festgehalten werden. Wenn der Verkäufer erklärt, dass das Pferd sich in einem „einwandfreien gesundheitlichen Zustand" befinde, „völlig gesund" sei oder „an keinen gesundheitlichen Fehlern" leide, kann, falls eine dieser Zusicherungen nicht zutrifft, die Rückabwicklung des Kaufvertrags verlangt werden.

Gleiches gilt, wenn der Verkäufer eine bestimmte Eigenschaft zugesichert hat, die nicht zutrifft. Aber sieh genau hin, bevor der Vertrag unterschrieben wird. Wenn dort etwa steht, dass ein Pony straßensicher ist, heißt das noch lange nicht, dass es generell straßensicher ist. Schließlich könnte es ja sein, dass es vor Autos keine Angst hat, dafür aber Traktoren hasst.

Lass dir also versichern, dass das Pony ÜBERALL straßensicher ist.

5. Pferdeschutzhof

Es gibt einige wohltätige Organisationen, die ein gutes Heim für misshandelte Ponys und Pferde suchen. Die Tiere werden nur mit einem Schutzvertrag abgegeben.

6. Verleih

Es gibt viele Leute, die betrachten ihre Ponys als Familienmitglieder, haben aber im Augenblick aber keine Zeit für sie. Sie wollen sie zwar nicht verkaufen, in vielen Fällen erklären sie sich bereit, ihr Pony für einen bestimmten Zeitraum zu verleihen. Das kann eine sehr gute Lösung sein, wenn du etwa schnell wächst und vielleicht irgendwann zu groß für das Pony werden würdest.

7. Zuchtverband

Wenn du dich für eine bestimmte Ponyrasse entschieden hast, wird der entsprechende Zuchtverband dir sicher gerne eine Liste von Züchtern schicken, die Ponys zum Verkauf haben.

Der große Moment

Wenn du von einem Pony gehört hast, das all deinen Anforderungen entspricht, ist der große Moment gekommen. Du siehst es dir an. Jetzt kommt der wirklich aufregende Teil der Geschichte, in dem du all das, was du gelernt hast, in die Praxis umsetzen kannst! Denk daran, einen Fachmann mitzunehmen. Und es gibt noch einige andere Dinge, die du an diesem ganz besonderen Tag nicht vergessen solltest. Und das gehört alles dazu:

Checkliste für den Ponykauf

Erster Eindruck

- Hat das Pony, wenn es in der Box steht, die Ohren nach vorne gerichtet und schaut neugierig über die Tür? Sieht es zufrieden aus und begrüßt seinen Besitzer mit einem freundlichen Wiehern? Das alles sind gute Zeichen, die darauf hindeuten, dass es ein freundliches und selbstbewusstes Pony ist.

- Lässt sich das Pony auf der Koppel leicht einfangen? (Wenn es nicht draußen ist, hat der Besitzer es vielleicht schon reingeholt, damit du nicht merkst, dass es sich nicht fangen lässt! Man weiß nie ...)

- Sieh dich in der Box des Ponys um. Entdeckst du Anzeichen dafür, dass es an Holz knabbert oder gegen die Wände tritt? Ist die Einstreu zerwühlt? Das alles sind schlechte Zeichen, denn sie deuten darauf hin, dass es ein nervöses und leicht erregbares Pony ist.

Draußen im Hof

- Sieh dir das Pony genau an, wenn der Besitzer es aus der Box holt. Ist es ein schönes Pony? Hat es gute Proportionen?

- Jetzt ist es an der Zeit, das Pony durchzuchecken. Du oder dein Fachmann solltet einen Blick auf die Zähne werfen, ob das Alter den Angaben des Verkäufers entspricht. Sieh nach, ob die Vorderzähne eventuell ungerade sind. Das könnte darauf hinweisen, dass es sich um einen Kopper handelt. Fahre mit der Hand über die Beine des Ponys und überprüfe, ob es Schwellungen oder harte Stellen hat. Sieh dir die Hufe an.

Das Pony in Bewegung

- Geht das Pony gerade auf hartem Boden oder schwenkt es die Füße zur Seite, beziehungsweise streift sich mit den Hufen? Im Schritt sollte das Pony mit den Hinterhufen übertreten, das heißt, dass die Hinterhufe vor den Spuren aufsetzen, die die Vorderhufe hinterlassen haben.

- Geht es im Trab vollkommen klar? Im Trab lassen sich auch leichte Lahmheiten gut erkennen!

Aufsatteln

Der nächste Schritt ist, dem Pony einen Sattel und eine Trense anzulegen. Sieh genau hin, wenn der Verkäufer das macht, und achte darauf, wie das Pony sich verhält.

- Ist es einfach im Umgang?
- Nimmt es das Gebiss willig an oder hebt es den Kopf um ihm auszuweichen?
- Legt es die Ohren an, wenn der Verkäufer mit dem Sattel auftaucht?
- Zieht es den Rücken zusammen, wenn der Sattel aufgelegt wird? Das heißt, dass das Pferd empfindlich im Rücken ist, was zu Problemen führen kann.
- Legt das Pony die Ohren an und versucht zu beißen, wenn der Sattelgurt festgezogen wird? Viele Ponys machen das, und das ist natürlich kein gutes Zeichen, was seine Umgänglichkeit betrifft.

Unter dem Sattel

Wenn das Pony gesattelt ist, lässt der Verkäufer es wahrscheinlich von jemandem vorreiten um dir zu zeigen, was es kann. Sieh genau hin!

- Steht das Pony still, während der Reiter aufsteigt? Geht es ohne Probleme los, wenn es dazu aufgefordert wird?
- Sieh dir das Pony in jeder Gangart auf beiden Händen an. Bewegt es sich mühelos oder muss sein Reiter sich sehr anstrengen, damit es vorwärts geht?
- Lässt sich das Pony ohne große Zügeleinwirkungen anhalten und wenden?
- Springt es, falls ein kleines Hindernis zum Ausprobieren da ist, willig oder muss der Reiter es sehr treiben? Oder muss er sich, ganz im Gegenteil, sogar sehr anstrengen, um es zurückzuhalten?

Wenn du an der Reihe bist

Kann sein, dass du ein bisschen nervös bist, wenn du dich zum ersten Mal auf ein fremdes Pony setzen sollst. Versuche ruhig zu bleiben und auf folgende Dinge zu achten:

- Steht das Pony still, während du die Steigbügellänge einstellst und die Zügel aufnimmst?
- Wartet es auf deine Hilfen, bevor es losgeht?
- Geht das Pony auf beiden Händen gut, wenn du trabst und galoppierst?
- Bevorzugt es die eine oder die andere Seite?
- Benimmt es sich gut, wenn du über ein kleines Hindernis springst?
- Frag, ob du in Begleitung deines Fachmanns einen Ausritt an der Straße machen kannst. Geht es ohne Probleme alleine vom Hof? Oder würde es lieber bei den anderen Ponys bleiben? Manche Ponys, die immer nur in der Gruppe geritten werden, gehen nicht gerne alleine raus. Man nennt solche Ponys und Pferde „Kleber“.

Stell Fragen

Finde so viel wie möglich über das Pony heraus, indem du dem Verkäufer Fragen stellst. Es gibt keine Garantie, dass er sie dir alle ehrlich beantwortet, aber manchmal wird dir auch seine Reaktion die richtige Antwort geben. Das könnten ein paar der Fragen sein:

- Ist das Pony schmiedefromm?
- Lässt es sich leicht verladen?
- Scheut es – zum Beispiel vor Hunden, Lastwagen, Traktoren, Motorrädern, Fahrrädern?

Zum Schluss solltest du dir ehrlich beantworten, ob du das Pony magst. Bist du nervös oder fühlst du dich wohl auf seinem Rücken? Hab keine Angst zu sagen, wenn du das Pony nicht möchtest. Du musst ja nicht unhöflich sein. Sag einfach: „Es ist wirklich sehr nett, aber ich glaube, es ist nicht das Richtige für mich.“

Das richtige Pony?

Wow! Ganz schön viel, an was man so alles denken muss, nicht wahr? Wenn du das Pony magst und es alle Tests mit Bravour besteht, würdest du es sicher am liebsten gleich mit nach Hause nehmen. Aber warte noch einen Moment. Bevor du dich endgültig zum Kauf entscheidest, solltest du versuchen auszuhandeln, dass du das Pony eine Woche zu Hause oder an dem Reitstall, wo es untergebracht werden soll, ausprobieren kannst.

Wichtig ist auch, dass du von einem Tierarzt eine Ankaufsuntersuchung vornehmen lässt. Vor der Untersuchung musst du dem Tierarzt sagen, was du mit dem Pony machen möchtest. Vielleicht möchtest du ja nur ein bisschen in der Halle reiten und kurze Ausritte machen. Ein Pony für solche Zwecke muss nicht so fit sein wie eines, das wettbewerbsmäßig (ganz egal, ob Dressur, Springen, Distanz oder Western) genutzt werden soll. Wenn dein Tierarzt weiß, was du mit dem Pony vorhast, kann er beurteilen, ob es das richtige für dich ist.

Tierarzt Dr. Pferdecheck sagt:
„Ich überprüfe, ob mit dem Pony alles stimmt. Du suchst einen Kumpel, mit dem du ausreiten und auch an Wettkämpfen teilnehmen kannst? Ich vergewissere mich, ob es das richtige Pony für den Job ist.
Erst höre ich sein Herz und seine Lunge ab. Dann sorge ich dafür, dass es bewegt wird, und höre es hinterher noch einmal ab. Natürlich schaue ich auch, ob mit seinen Beinen alles okay ist, dass sie keine Schwellungen und harte Stellen vorweisen und nicht warm sind.
Außerdem überprüfe ich Augen und Ohren des Ponys. Wenn mir etwas seltsam erscheint, lasse ich vorsichtshalber einen Bluttest machen. Um ganz sicher zu gehen kann ich das Pony auch röntgen. Aber das kostet natürlich mehr.
Wenn ich all diese Tests abgeschlossen habe, fülle ich ein Formular aus, in dem ich den Gesundheitszustand des Tieres beschreibe. Danach werde ich dir sagen können, ob es sich eignet für das, was du mit ihm machen möchtest."

Herzlichen Glückwunsch, wenn dein Pony die Ankaufsuntersuchung hinter sich gebracht hat, deine Eltern mit dem Preis einverstanden sind und du es wirklich magst. Dann hast du dein Traumpony gefunden! Aber jetzt geht das Abenteuer erst richtig los ...

Die Unterbringung des Ponys

Das neue Zuhause

Box oder Offenstall?

Ponys können sowohl in der Box als auch im Offenstall gehalten werden. Beides hat Vor- und Nachteile.

Offenstall

Vorteile

- entspricht der natürlichen Lebensweise
- die Ponys sind mehr in Bewegung
- gut für Ponys mit Atemwegsproblemen
- man muss sich nicht so viel um das Pony kümmern
- ist billiger als Boxenhaltung

Nachteile

- schwer zu kontrollieren, wie viel die Ponys fressen; sie können zu fett werden und Hufrehe kriegen (siehe Seite 155).
- mögliche Schwierigkeiten mit dem Einfangen
- bei schlechtem Wetter ist das Fell nass und schmutzig, weshalb es länger dauert, bis man zum Reiten kommt
- die Ponys sind nicht so gepflegt und sauber wie Ponys in einem Boxenstall

Box

Vorteile

- bessere Kontrolle der Futtermenge
- die Ponys sind sauber und trocken
- man kommt schneller zum Reiten

Nachteile

- Ponys, die in der Box stehen, brauchen viel Beschäftigung
- die Ponys langweilen sich; gewöhnen sich vielleicht Unarten an
- die Ponys müssen jeden Tag gearbeitet werden
- Atemwegsprobleme könnten auftreten
- teure Stallmiete

Die meisten Leute sind der Meinung, es sei am besten, beides zu kombinieren – das Pony steht einen Teil des Tages in der Box und die restlichen Stunden auf der Koppel. Das bedeutet zum Beispiel, dass die Ponys im Winter nachts und im Sommer tagsüber, wenn Fliegen da sind, im Stall sind. Wenn du das Pony am Haus hältst, könnte es Probleme damit geben, wenn du es tagsüber länger im Stall lässt. Schließlich kannst du es nicht die ganze Zeit unbeaufsichtigt lassen. Wahrscheinlich wirst du es letztendlich sommers wie winters nachts in die Box bringen oder im Sommer Tag und Nacht draußen lassen. Wenn du das machst, musst du darauf achten, dass es nicht zu dick wird.

Ein Stall am Haus

Wer sein Pony bei sich zu Hause halten möchte, braucht viel Platz. Und zwar für einen Stall, eine Koppel und einen trockenen Ort, an dem Futter, Heu und Stroh, Mistgabeln, Besen und eine Schubkarre untergebracht werden können. Natürlich ist es herrlich, wenn das eigene Pony direkt am Haus steht. Schließlich kann man so jederzeit nachsehen, wie es ihm geht. Aber so leicht wie es sich anhört, ist es leider nicht. Vielleicht hast du ja Glück und zu eurem Grundstück gehört bereits ein Stallgebäude. Wenn nicht, dann gibt es vielleicht ein Gebäude wie eine Garage oder einen großen Schuppen, das sich zu einem Stall umbauen lassen. Oder man lässt eigens einen bauen. Doch müssen deine Eltern erst beim zuständigen Amt überprüfen, ob sie eine Baugenehmigung dafür bekommen. Auch deine Nachbarn musst du fragen. Für dich mag ein Stall ja der Himmel auf Erden sein, für andere Leute hingegen sind Ställe dreckige, stinkende Orte. Schade, nicht wahr?

Der richtige Platz für den Stall

Sicher ist es bequem, vor allem bei schlechtem Wetter, wenn das Pony direkt am Haus steht. Aber deine Eltern möchten es vielleicht nicht ZU nahe am Haus. Wenn bereits eine Koppel oder ein Paddock vorhanden sind, empfiehlt es sich, den Stall auf einem Betonfundament anzubauen. Dann könnte der Stall als Schutz vor Sonne, Regen, Wind und Kälte dienen, und das Pony kann rein- und rausgehen, wie es ihm passt.
Die Planung kann riesigen Spaß machen. Du kannst wie ein richtiger Architekt arbeiten und die Gebäude und ihre Pläne gestalten, bevor die Arbeit losgeht.

Die Lagerplätze und der Misthaufen müssen natürlich nicht quadratisch sein. Die Angaben sind nur da, um dir eine ungefähre Vorstellung davon zu geben, wie viel Platz du brauchst.
Aber es gibt noch andere Dinge, an die du denken musst!

Koppel

Ein Pony kann nicht den ganzen Tag im Stall verbringen. Wenn du keine Koppel hast, gibt es vielleicht eine in der Nähe, die deine Eltern mieten können. Wenn nicht, solltest du dein Pony besser nicht am Haus halten.

Die Größe des Stalls

Stall für ein kleines Pony: um die 3 Quadratmeter
Stall für ein größeres Pony: um die 3,6 Quadratmeter
Lager für Heu und Stroh: zwei bis dreimal so groß wie der Stall
Futter- und Gerätekammer: um die 3 Quadratmeter
Misthaufen: um die 4 Quadratmeter

Gesellschaft

Wenn es schon schwer war, deine Eltern davon zu überzeugen, dass sie dir ein Pony kaufen, werden sie wahrscheinlich nicht sonderlich wild darauf sein, noch ein zweites anzuschaffen. Aber Ponys sind Herdentiere und können nicht allein leben. Wenn es gar keine Möglichkeit gibt, dass ihr noch ein zweites Pony kauft, solltest du versuchen es mit einem anderen Pony auf die Koppel zu stellen.

Der Reitplatz

Einige Menschen haben das Glück, eine eigene, speziell für sie gebaute Reitbahn mit Überdachung zu besitzen. Wenn du nicht zu diesen Menschen gehörst (wie die meisten!), kannst du auf der Koppel ein Stück abtrennen und dort reiten. Wenn der Platz gefroren oder wegen Regen zu matschig ist, wird das zwar nicht gehen, ansonsten ist es aber kein Problem, auf diesem abgetrennten Stück zu trainieren.

Unterbringung in einem Pensionsstall

Zugegeben, es ist sehr schön, wenn das Pony am eigenen Haus steht. Aber auch ein Pensionsstall hat viele Vorteile. Du musst nicht zu bestimmten Zeiten füttern und misten, kannst auch mal ein Wochenende freimachen oder in den Urlaub fahren, ohne dass du jemanden suchen musst, der sich um dein Pony kümmert. Abgesehen davon gibt es in Pensionsställen immer erfahrene Leute, die dir helfen können, wenn Probleme auftauchen (und das werden sie!). Auch dein Pony wird sich freuen, wenn es in Gesellschaft anderer Ponys ist. Und du kannst die Anlage, zu der je nach Stall ein Platz, eine Reithalle, Sprünge und so weiter gehören, benutzen. Wenn du dich entschließt, dein Pony in einem Pensionsstall unterzubringen, solltest du dir einige in deiner Umgebung ansehen, bevor du dich endgültig entscheidest. Achte darauf, dass es ein anerkannter Ausbildungsstall ist.

Worauf du achten musst

1. Die Ponys und Pferde sollten sauber und gut gefüttert aussehen. Außerdem sollten sie einen zufriedenen Eindruck machen und sich für ihre Umgebung interessieren.
2. Die Boxen sollten sauber und dick eingestreut sein.
3. Der Hof sollte gefegt, sauber und ordentlich sein.
4. Auch die Sattelkammer sollte sauber und aufgeräumt sein. Das Sattelzeug sollte einen gepflegten Eindruck machen. Die Sättel sollten auf Sattelhaltern und die Trensen auf festen, halbrunden Haken aufgehängt sein.
5. Das Heu sollte süß riechen und nicht staubig oder modrig sein.
6. Das Kraftfutter sollte in Metallbehältern untergebracht sein und ebenfalls süß riechen.
7. Die Paddocks und Koppeln sollten richtig eingezäunt sein (kein Stacheldraht!).

8. Das Personal sollte freundlich und hilfsbereit sein.
9. Es sollte nett und kompetent mit den Pferden und Ponys umgehen.

Verschiedene Pensionsställe

Es gibt drei Haupttypen von Pensionsställen:
Reitstall mit Boxenhaltung: In diesem Stall erhält dein Pony das komplette „Rundum-Programm". Das sind Futter, auf die Koppel bringen, Entwurmen und Misten. Wenn du willst, kannst du dein Pony sogar bei einem kompetenten Ausbilder in Beritt geben. Diese so genannte „Vollpension" ist zwar die teuerste Art der Unterbringung, aber dafür auch die angenehmste, vor allem, wenn der Stall nicht direkt um die Ecke von deinem Zuhause liegt und du nicht jederzeit vorbeischauen kannst.
Offenstall: Wenn dein Pony robust ist und das ganze Jahr über draußen bleiben kann, gibt es auch noch die Möglichkeit der Offenstallhaltung. Das Stallpersonal wird nach deinem Pony sehen, es im Winter zufüttern und entwurmen. Das bedeutet aber, dass du keine Box für dein Pony hast. Ein Offenstall ist wesentlich billiger als ein Reitstall mit Boxenhaltung.
Selbstversorgung: Das bedeutet, dass der Stallbesitzer dir alles zur Verfügung stellt – sprich: Box beziehungsweise Offenstall, Koppel, Futter und Sattelkammer – du aber jeden Tag zu deinem Pony musst, um die ganze Arbeit zu verrichten. Damit du nicht zweimal gehen musst, kannst du dich vielleicht mit einem anderen Einsteller absprechen, sodass einer am Morgen und der andere am Nachmittag kommt oder ihr euch tageweise abwechselt. Das ist allerdings nur realisierbar, wenn du in der Nähe des Stalls wohnst.

Auch Reitschulen nehmen manchmal Pensionspferde. Entweder so wie oben beschrieben oder sie haben eine Vereinbarung, dass sie dein Pony für den Reitunterricht ausleihen dürfen. Dann ist die Unterbringung billiger. Vielleicht gefällt es dir nicht, dass jeder dein Pony reiten darf, aber so wird es regelmäßig bewegt und kostet auch nicht mehr so viel.

Andere Möglichkeiten

Wenn du dein Pony nicht am Haus halten kannst und in der Nähe keine Pensionsställe sind, gibt es noch andere Möglichkeiten.
Vielleicht hast du ja eine Freundin, die bereits ein Pony hat. Das könnte eine ganz gute Sache sein, da die Ponys Gesellschaft haben und du und deine Freundin die Arbeit abwechselnd erledigen könnt. Das klingt einfach, muss aber von Anfang an genau festgelegt werden. Selbstverständlich müsst ihr euch auch beide an die aufgestellten Regeln halten. Es wäre nicht fair, wenn du die ganze Arbeit machen musst, aber es wäre ebenso wenig okay, wenn alles an deiner Freundin hängen bleibt. Redet darüber, was wann gemacht werden muss, und schreibt es dann auf, damit ihr es auch nicht vergesst.

Ein Bauernhof in der Nähe ist eine weitere Möglichkeit. Vielleicht findest du einen Bauern, der dir eine Wiese und ein Gebäude vermietet, das du als Stall benutzen kannst. Wenn dem so ist, dann achte auf Gefahrenquellen, wie zum Beispiel Stacheldraht, da viele Bauern nicht so achtsam sind, wie die Pferdebesitzer es sich von ihnen wünschen würden. Wenn der Bauer freundlich und hilfsbereit ist, kannst du vielleicht auch das Heu bei ihm kaufen. Eventuell lässt er dich ja sogar auf einer seiner Wiesen reiten.
Wenn du die Unterbringung deines Ponys geregelt hast, wartet schon die nächste Herausforderung auf dich:
Du musst lernen, wie man sich darum kümmert. Das nennt man Stallmanagement ...

Stall- und Koppelmanagement

Abläufe und Routinearbeiten

Zuallererst musst du wissen, dass dein Pony einen geregelten Tagesablauf braucht. Es hat nämlich eine innere Uhr und weiß genau, wann es Futter gibt und wann es von der Koppel geholt wird. Und es wird dich schon wissen lassen, wenn du zu spät bist! Wenn du dich also entschlossen hast, dich selbst um dein Pony zu kümmern, musst du einen Tagesablauf ausarbeiten, der zu deinen sonstigen Aktivitäten, wie Schule und Hobbys, passt. So ein Ablauf könnte folgendermaßen aussehen:

Stallroutine - Wochentage im Winter

6:30 Uhr Füttern, Wasser überprüfen, Decke richtig ziehen, misten, Heu geben

7:00 Uhr Selbst frühstücken

7:30 Uhr Schnell drüberputzen, Hufe auskratzen, Weidedecke drauflegen und Pony auf die Koppel bringen, Box misten, Wassereimer nachfüllen und Heu für den Abend vorbereiten

16:30–17:00 Uhr Pony von der Koppel holen, Weidedecke abnehmen, striegeln, Hufe auskratzen, Stalldecke auflegen, Pony in die Box stellen, Kraftfutter und Heu geben

20:30–21:00 Uhr Für die Nacht noch eine große Portion Heu geben und misten, Wasser überprüfen und Decke richten

Und da gehört das Reiten noch gar nicht dazu! Im Sommer schaffst du es vielleicht, vor der Schule zu reiten, falls du früh aus dem Bett kommst. Natürlich kannst du, wenn es länger hell ist, auch abends reiten. An den Wochenenden solltest du dich an den gleichen Zeitplan halten wie unter der Woche, hast aber natürlich wesentlich mehr Zeit zum Reiten. Im Sommer, wenn das Pferd den ganzen Tag auf der Koppel steht, musst du auch nicht so viel Heu füttern. Es sei denn, dein Pony steht lange im Stall oder arbeitet sehr hart. Die Decken brauchst du dann natürlich auch nicht.

Achtung!

Du siehst, dass es jede Menge Zeit und Arbeit erfordert, wenn man sein Pony am Haus halten möchte. Und zwar jeden Tag! Überlege dir also genau, ob du dich wirklich für diese Haltungsform entscheidest. Es ist gut möglich, dass du auf andere Dinge, die du gerne machst, verzichten musst.

Wenn du in den Urlaub fährst, findest du vielleicht jemanden, der solange bei euch zu Hause wohnt und nach dem Pony sieht. Du kannst dein Pony auch für ein oder zwei Wochen in einen Pensionsstall stellen. Oder du kannst es zu einer Freundin geben, damit sie sich darum kümmert. Lass es aber auf keinen Fall einfach auf der Koppel stehen, auch wenn jemand sagt, dass er ein Auge draufhat. Du brauchst jemanden, der mindestens zwei Mal am Tag nach dem Pony sieht und merkt, wenn etwas nicht stimmt, um gegebenenfalls den Tierarzt zu rufen.

Die Stallarbeit

Werfen wir doch einmal einen Blick auf das, was alles dazugehört, wenn man ein Pony in der Box hält. Wir fangen mit dem Misten und der Einstreu an.

Die Einstreu

Die Einstreu sorgt dafür, dass dein Pony sich an einem bequemen, trockenen Platz hinlegen kann. Natürlich saugt sie auch die Nässe auf. Es gibt verschiedene Arten von Einstreu, und jede hat Vor- und Nachteile. Die meisten Leute bevorzugen Stroh oder Späne.

Stroh

Es gibt drei verschiedene Strohsorten: Hafer, Weizen und Gerste. Haferstroh dient meist als Futter. Weizenstroh ist die billigste Sorte, aber wenn dein Pony davon frisst, könnte es eher Kolik (siehe auch Seite 156) bekommen.

Vorteile:
- billig, bequem
- einfach zu entsorgen – manche Bauern holen den Mist ab und streuen ihn auf ihre Felder

Nachteile:
- einige Ponys fressen es und können davon eine Kolik bekommen

- muss an einem trockenen, luftigen Platz gelagert werden

Holzspäne

Holzspäne, die als Einstreu benutzt werden, müssen staubfrei sein. Sonst kann man genauso gut Stroh verwenden.

Vorteile:
- gut für Ponys mit Atemproblemen
- wenn sie verpackt sind, können sie auch draußen gelagert werden

Nachteile:
- teurer als Stroh
- die Polyethylenfolie muss entsorgt werden

Papierschnitzel

Vorteile:
- können, wenn sie noch verpackt sind, draußen gelagert werden

Nachteile:
- saugen sich voll und können sehr nass werden
- schwierig zu entsorgen
- die Polyethylenfolie muss entsorgt werden

Gummimatten

Wenn die Box mit Gummimatten ausgelegt wird, brauchst du nur noch eine geringe Menge an Stroh oder Spänen.

Vorteile:
- du brauchst nicht mehr so viel Einstreu und musst nicht mehr so lange misten
- der weiche Untergrund schont die Beine des Ponys
- gut für Ponys mit Atemwegsproblemen

Nachteile:
- sehr teuer
- sehr schwer und schwierig von der Stelle zu kriegen
- können sehr nass werden und streng riechen

Ausmisten

Das Ausmisten ist eine eigene Kunst! Und so geht's:

Es gibt zwei Formen des Ausmistens. So sollte man mehrere Male am Tag nur die Äpfel rausnehmen. Beim richtigen Ausmisten wird dann auch das Nasse unter der Einstreu entfernt. Das muss ein Mal am Tag gemacht werden. Wenn das Pony beim Ausmisten in der Box steht, solltest du es anbinden, damit du die Boxentür auflassen kannst, um die Mistkarre rein- und rauszufahren.

1. Sieh zu, dass du alle Utensilien, die du brauchst, beisammen hast: Schubkarre, Mistgabel, Schaufel, Besen.
2. Entferne den Mist, der obenauf liegt, mit der Mistgabel oder mit der Schaufel und wirf ihn in die Schubkarre.
3. Schüttele die Einstreu auf um einzelne und versteckte Pferdeäpfel zu finden und entferne sie ebenfalls.
4. Häufe die saubere Einstreu auf der Seite an, damit du an das Nasse darunter kommst. Sieh zu, dass du die nasse Einstreu komplett entfernst.

5. Fege den Boden und wirf das, was dabei zusammenkommt, in die Schubkarre. Der Boden sollte mindestens ein Mal in der Woche gründlich desinfiziert werden. Wenn das Pony auf der Koppel ist, kannst du den Boden erst einmal trocknen lassen, bevor du neu einstreust.
6. Verteile die noch saubere Einstreu auf dem Boden und streue frische darüber.
7. Fahre die Mistkarre mit den Pferdeäpfeln und der nassen Einstreu zum Misthaufen und leere sie dort aus.

Matratzenstreu

Das ist eine andere Form des Ausmistens, bei der du täglich nur die Pferdeäpfel und die nassen Stellen an der Oberfläche entfernst. Die nasse Einstreu darunter lässt du drin und streust neue Einstreu darüber. So geht es viel schneller als beim herkömmlichen Ausmisten. Aber wenn die ganze Box ausgeräumt werden muss (was alle paar Monate nötig ist), ist das ganz schön harte Arbeit. Einige Leute entscheiden sich

deshalb für einen Kompromiss und nehmen nur an den Wochenenden die nasse Einstreu darunter raus. Das ist ziemlich praktisch, wenn du morgens zur Schule musst und nicht so viel Zeit hast.

Der Misthaufen

Jedes Mal, wenn du die Mistkarre auf dem Misthaufen entleerst, musst du ihn mit der Gabel ebnen, damit er sich nicht über den ganzen Hof ausbreitet und wieder was obendrauf passt. Der Mist und die Einstreu vermodern und können im Garten als Dünger benutzt werden.
Wenn ihr mehr Mist habt, als deine Familie für den Garten braucht, wirst du dir einen Weg überlegen müssen, wie du ihn loswirst. Am besten ist, du fragst einen Bauern, ob er den Mist regelmäßig mit seinem Traktor und einem Anhänger abholt.

Wasser im Stall

Egal, ob es in der Box oder auf der Koppel steht – dein Pony muss immer freien Zugang zu Wasser haben. Und du musst überprüfen, ob der Wassertrog neu aufgefüllt werden muss und dass er nicht verschmutzt ist.
Etwa ein Mal in der Woche solltest du den Trog reinigen, da sich sonst eine schleimige Schicht bildet, die den Geschmack des Wassers verderben kann. Spüle ihn gut aus, bevor du ihn wieder auffüllst. Du brauchst draußen eine Wasserquelle, damit du die Wassereimer nicht immer durch das ganze Haus tragen musst (und dabei alles unter Wasser setzt!).
Natürlich kannst du auch eine automatische Tränke in der Box deines Ponys anbringen lassen. Oder du nimmst einen Plastikeimer, den du bis zum Rand füllst und in die Box stellst. Wenn dein Pony gerne auf Plastikeimern herumbeißt, kannst du auch einen verzinkten Metalleimer nehmen.

Auf der Koppel

Welche Art von Koppel eignet sich für ein Pony? Fragen wir doch einen Experten!

Pony Peter sagt:

*„So sieht meine Traumkoppel aus:
Sie wäre ziemlich eben, gut entwässert und hätte keine sumpfigen Stellen.
Der Zaun würde aus Holzpfosten und Holzlatten bestehen oder aus schönen, dichten Hecken, die mich vor dem Wind schützen.
Es gäbe ein paar große Bäume, in deren Schatten ich vor der Sonne Schutz suchen könnte.
Wenn weder Hecken noch Bäume vorhanden wären, gäbe es einen Unterstand, der mich vor dem Wetter schützen würde und unter dem ich mich vor den Fliegen verstecken könnte.
Es gäbe jede Menge Gras, obwohl meine Besitzerin nicht wollen würde, dass es zu lang ist, nur für den Fall, dass ich zu viel davon esse.*

Auf der Wiese würden auch Pflanzen wie Löwenzahn, Klee und Schafgarbe wachsen. Denn die sind nicht nur gesund, sondern schmecken mir auch gut. Es kann auch ruhig ein paar Nesseln geben, denn die sind ganz köstlich, wenn sie abgemäht und in der Sonne getrocknet werden.

Auf Kreuzkraut, Farnkraut, Ampfer und Disteln könnte ich dagegen gut verzichten. Die ersten beiden sind giftig, und die anderen beiden nehmen dem Gras den Platz zum Wachsen weg!
Es gäbe jede Menge Wasser in Trögen, die immer sauber gehalten würden.
Das Tor würde sich einfach öffnen und schließen lassen und mir nicht an die Hüfte knallen."

Und? Entspricht DEINE Koppel Peters Vorstellung von Perfektion? Folgendes gibt es über die Koppel deines zukünftigen Ponys noch zu wissen:

Größe

Generell heißt es, dass man für Pferde oder Ponys, die das ganze Jahr über draußen sind, pro Tier um die 0,8 Hektar Platz braucht. Bei Ponys darf es auch ruhig etwas weniger sein, vor allem, wenn sie nicht den ganzen Tag auf die Koppel kommen. Bei den meisten Ponys ist es eher ein Problem, dass sie zu viel Gras fressen. Vor allem im Frühling, wenn es besonders eiweißhaltig ist.

Entwässerung

Wenn die Koppel einen lehmhaltigen Boden hat, kommt es bei starkem Regen mitunter zu Pfützenbildung. In diesem Fall kann man Abflussrinnen anlegen, damit das überschüssige Wasser abläuft.

Zaun

Ein Zaun aus Holzlatten und Holzpfosten ist ideal für Pferde- und Ponykoppeln. Auch dichte Hecken sind geeignet, da sie zusätzlich vor Wind und Regen schützen. Wenn sie Lücken haben, müsste man einen Elektrodraht spannen, damit das Pony nicht abhaut. Ein Schafzaun eignet sich weniger, da das Pony sich mit dem Huf in die Maschen treten und sich verletzen könnte. Stacheldraht ist absolut ungeeignet. Viele Pferde haben sich schon schwere Verletzungen zugezogen, weil sie sich darin verfangen haben. Wenn deine Koppel bereits einen Stacheldrahtzaun hat, muss er abgerissen und ein neuer, ohne Stacheldraht, gebaut werden.

Tore und Koppeleingänge

Die Tore können sowohl aus Metall als auch aus Holz sein. Sie sollten sich leicht öffnen lassen, ohne dass man sie hochhieven oder an ihnen rumzerren muss. Und sie müssen gut schließen, damit das Pony nicht weglaufen kann. Einige Ponys gewöhnen sich an, mit den Hufen an das Tor zu treten, wenn sie von der Koppel geholt werden wollen. Um das zu verhindern, kannst du am unteren Teil einen kleinmaschigen Netzzaun anbringen.

Bei Regen und Schnee können Koppeleingänge sehr matschig werden. Um nicht durch den Schlamm gehen zu müssen, sollte nach Möglichkeit eine Schicht aus kleinen Schottersteinen in den Eingang gelegt werden. Man kann auch Stroh oder Späne benutzen.

Wasserversorgung

Eine Tränke, die sich automatisch mit Wasser füllt, ist eine enorme Arbeitserleichterung. Wassereimer sind nämlich ganz schön schwer! Wenn's nicht anders geht, solltest du einen großen Trog aufstellen und ihn mit mehreren kleineren Eimern füllen. Sowohl der Trog als auch die Eimer müssen regelmäßig sauber gemacht werden, um die Algenschicht zu entfernen, die sich bei Sonneneinstrahlung bildet. Bei Frost musst du die Eisschicht auf dem Wasser mindestens zwei Mal täglich aufbrechen. Fließende Gewässer sind keine gute Wahl, da sie verseucht sein könnten. Außerdem trocknen sie im Sommer aus und überfluten bei viel Regen oder Schnee die Koppel.

Giftige Pflanzen

Leider besteht immer die Möglichkeit, dass du zwischen dem Gras und den nahrhaften Pflanzen auf deiner neuen Koppel auch giftige Gewächse findest. Das schlimmste und am häufigsten vorkommende ist das Kreuzkraut (siehe unten und Seite 104). Aber auch viele andere Pflanzen sind schädlich, wenn das Pony sie in größeren Mengen frisst. Einige können sogar schön tödlich sein, wenn das Pony nur ganz wenig davon zu sich nimmt. Hier ist eine Liste der wichtigsten Giftpflanzen:

Giftpflanzen	Information
Eibe	Vorsicht bei Hecken oder überhängenden Bäumen mit Eibe
Schierling	in einigen Gegenden sehr häufig
Kreuzkraut	sehr häufig auf Koppeln; sehr gefährlich, da es eine kumulative (sich ansammelnde) Wirkung hat und langsam die Leber zerstört
Fingerhut	häufig, wird aber nicht oft gefressen; Vorsicht, wenn es im Heu vorkommt
Herbstkrokus*	kommt öfter in Gärten als auf Koppeln vor
Schachtelhalm	kommt häufig in feuchten Gebieten vor
Lorbeer*	kommt meistens in Hecken und Gärten vor
Goldregen*	Gartenpflanze; Vorsicht bei überhängenden Zweigen
Rhododendron*	kommt in Gärten und einigen Waldgebieten vor
Nieswurz*	Gartenpflanze
Eisenhut*	Gartenpflanze
Rittersporn*	Gartenpflanze
Tollkirsche	wächst in schattigen Gebieten
Bilsenkraut	riecht unangenehm, von daher eher unwahrscheinlich, dass es gefressen wird

Puh! Ganz schön viele, nicht wahr? Dabei sind das längst noch nicht alle! Wenn du in einer hügeligen Gegend wohnst, wächst dort eventuell auch Farn. Wenn dein Pony den Geschmack davon mag, kann das sehr gefährlich werden. Die Butterblume, die man sehr häufig auf Koppeln sieht, ist ebenfalls giftig. Allerdings muss dein Pony sehr viel davon fressen, bevor sie eine negative Wirkung hat. In getrocknetem Zustand ist sie übrigens nicht giftig, weshalb sie also ruhig in Heu vorkommen kann. Eicheln sind ebenfalls gefährlich, wenn dein Pony sie in großen Mengen frisst. Auch giftig sind Liguster und andere immergrüne Gewächse. Allerdings wird dein Pony sie, wenn überhaupt, nur fressen, wenn es sonst nichts anderes hat.

** Die mit * gekennzeichneten Gartenpflanzen auf der Liste sind wahrscheinlich nur dann gefährlich, wenn deine Koppel direkt neben einem Garten ist, wo die Pflanzen in größeren Mengen wachsen. In diesem Fall solltest du darauf achten, dass dort, wo dein Pony hinkommt, keine giftigen Pflanzen sind. (Denk dran, dass Ponys lange Hälse haben und damit weiter kommen, als man denkt.)*

Distel

Farn

Goldregen

Kreuzkraut

Schachtelhalm

Fingerhut

Eibe

Butterblume

Eiche

Eisenhut

Stallgeflüster

Was tun gegen Kreuzkraut?

Kreuzkraut ist eine 30 bis 100 cm hohe Pflanze mit gelben Blüten, die im Juli und August blüht und einen sehr unangenehmen Geruch hat. Ein Absamen zur Blütezeit muss unbedingt verhindert werden, da das Kreuzkraut sich sonst noch weiter ausbreiten würde. Deshalb schon im Frühjahr, wenn es in Rosettenform auf dem Boden zu wachsen beginnt, mit einer Unkrautharke ausreißen und darauf achten, dass du auch die ganze Wurzel erwischst. Streue Salz in das Loch. Die Pflanze abzuschneiden reicht nicht, da sie nur noch stärker nachwachsen würde.
Eine Beweidung mit Schafen kann Kreuzkraut zurückdrängen.

Instandhaltung deiner Koppel

Vielleicht denkst du ja, dass eine Koppel sich selbst instand hält. Aber so ist es leider nicht. Du musst dich genauso darum kümmern wie um einen Garten. Sollte deine Familie keinen Traktor und keine anderen Landwirtschaftsmaschinen haben, wirst du die Hilfe eines Bauern benötigen.

Freundlicher Bauer für folgende Arbeiten gesucht:

Die Koppel mähen

Um die Koppel meines Ponys in einem guten Zustand zu halten, brauche ich jemanden, der sie ein oder vorzugsweise zwei Mal während der Wachstumszeit (etwa von Frühling bis August) mäht.

Die Koppel walzen

Wenn im Frühjahr der Boden austrocknet, hätte ich gerne, dass er mit einer Walze geebnet wird, da mein Pony sich sonst an Löchern und Mulden verletzen könnte. Die Koppel ist im Winter sehr weich und matschig und wird von den Hufen der Ponys aufgerissen und zertrampelt.

Die Koppel düngen und kalken

Ich hätte gerne, dass jemand überprüft, ob die Koppel gekalkt werden muss. Ich möchte sie nicht mit Nitraten düngen, da sonst andere Pflanzen vernichtet werden und das Gras zu reichhaltig und üppig wird. Das könnte zu Hufrehe führen. Aber falls der Boden zu sauer wird, sollte die Koppel im Frühjahr, Sommer oder Herbst gekalkt werden. Am liebsten wäre es mir bei trockenem Wetter, damit die Erde für den Traktor nicht zu weich ist und der Kalk nicht an dem nassen Gras kleben bleibt. Nachdem die Koppel gekalkt worden ist, lasse ich mein Pony so lange nicht mehr darauf, bis der ganze Kalk im Boden ist. Möglicherweise muss meine Koppel alle drei bis sieben Jahre gekalkt werden.

Die Koppel eggen

Ich hätte gerne, dass jemand die Koppel eggt, damit die Pferdeäpfel aufgelöst und verteilt werden und das tote Gras entfernt sowie der Boden belüftet wird. Die Koppel wird ganzjährig abgegrast, weshalb ich sie gerne regelmäßig eggen lassen würde.

In Eigenregie

Wenn du nur eine kleine Koppel hast, kannst du die Pferdeäpfel auch selbst entfernen. Das solltest du mindestens ein Mal in der Woche machen. Man kann seine Zeit bestimmt angenehmer verbringen, aber es ist sehr wichtig! (Vielleicht hast du ja eine Freundin, die dir hilft.) Pferdeäpfel müssen aus zwei Gründen entfernt werden: Erstens stirbt sonst das Gras unter den Haufen ab, und zweitens könnten die Pferdeäpfel mit Parasiten verseucht sein. Geh also mit einer Schaufel und einer Mistkarre auf die Koppel und entferne so viele Pferdeäpfel wie möglich. Den Rest kannst du verteilen und in der Sonne trocknen lassen, um die Würmer zu vernichten.

Andere Tiere auf der Koppel

Eine andere Möglichkeit, Parasiten einzuschränken, ist, dein Pony mit Rindern oder Schafen auf eine Koppel zu stellen. Allerdings nicht gleichzeitig, sondern nach einer Art Rotationsprinzip machen: Ponys, Rinder, Schafe, dann wieder die Ponys. Okay, es ist unwahrscheinlich, dass du viele Schaf- oder Rinderbesitzer kennst, aber wer weiß ...

Ruhepause für die Koppel

Wenn eine Wiese regelmäßig abgegrast wird, sollte man sie ab und zu ruhen lassen. Das bedeutet, dass man erst alle Äpfel entfernt und dass dann einige Wochen keine Tiere auf ihr stehen, damit das Gras wieder nachwachsen kann.

Die Koppel abteilen

Wenn du nicht möchtest, dass dein Pony zu viel Gras frisst und auf der ganzen Koppel die Pferdeäpfel verteilt, kannst du auch Stücke mit einem Elektrozaun abteilen. Dann hat dein Pony immer frisches Gras, kann aber nicht zu viel auf einmal fressen. Außerdem kannst du so besser die Pferdeäpfel aufsammeln.

Bis jetzt ging es nur darum, dass die Koppel in einem guten Zustand ist. Aber wie sieht es mit der Pflege deines Ponys aus, wenn es viel auf der Weide steht?

Pflege eines Weideponys (Sommer)

Du musst jeden Tag ...

... mindestens ein Mal nach dem Pony sehen, am besten aber zwei Mal.

... die Hufe auskratzen.

... überprüfen, ob es warme Hufe oder Beine hat.

... dich vergewissern, dass es keine Verletzungen hat.

... auf den Leibesumfang des Ponys achten. Wenn es zu fett wird, musst du es zeitweise in den Stall stellen, damit es nicht zu viel Gras frisst.

... dich vergewissern, dass dein Pony nicht lahm geht. Falls es lahmt, musst du es von der Koppel holen und genauer untersuchen (siehe auch Seite 154).

... überprüfen, dass der Zaun oder die Hecke keine undichten Stellen hat.

... sichergehen, dass das Tor richtig zu ist.

... darauf achten, dass genug Wasser im Trog ist.

... dafür sorgen, dass kein Müll auf der Koppel rumliegt.

Pflege eines Weideponys (Winter)

Im Winter ist das Gras nicht sehr nahrhaft, deshalb musst du zufüttern. Das braucht dein Pony, damit es nicht friert und genügend Energie für die Arbeit hat. Wenn es ein robuster Typ ist, braucht es nicht so viel Futter wie ein Pony, das mehr im Vollbluttyp steht. Die Futtermenge hängt natürlich auch von der Bewegung des Ponys ab. Wenn es geschoren ist oder ein dünnes Fell hat, braucht es außerdem auf der Koppel eine Weidedecke. Ein Robustpony, das nicht geschoren ist, kommt auch ohne aus.

Du musst jeden Tag ...

... mindestens ein Mal nach dem Pony sehen, am besten aber zwei Mal.

... die Hufe auskratzen.

... überprüfen, ob es warme Hufe oder Beine hat.

... dich vergewissern, dass es keine Verletzungen hat.

... in den Fesselbeugen nachsehen, ob es Mauke hat (siehe auch Seite 158).

... die Weidedecke überprüfen und sie gegebenenfalls abnehmen und neu auflegen.
... darauf achten, dass dem Pony warm ist.
... dich vergewissern, dass dein Pony nicht lahm geht. Wenn doch, musst du es von der Koppel holen und genauer untersuchen.
... morgens und abends Heu füttern.
... Kraftfutter geben, wenn das Pony viel arbeitet.
... überprüfen, dass der Zaun oder die Hecke keine undichten Stellen haben.
... sichergehen, dass das Tor richtig zu ist.
... darauf achten, dass genug Wasser im Trog ist und bei Frost die Eisschicht entfernen.
... dafür sorgen, dass kein Müll auf der Koppel rumliegt.

Wetten, dass du nicht gewusst hast, wie viel es über die Koppelhaltung von Ponys zu wissen gibt? Und über das nächste Thema solltest du noch mehr wissen: das Futter.

Die Ernährung des Ponys

Das Futter

Du wirst schnell merken, dass zwischen deinem Essen und dem Futter deines Ponys ein großer Unterschied besteht. Das gilt auch für die Art und Weise, WIE dein Pony gefüttert wird. Das Verdauungssystem eines Ponys arbeitet nämlich ganz anders als das unsere. Ponys haben einen kleinen Magen und einen langen Darm. Deshalb fressen sie in der Natur etwa 20 Stunden am Tag, indem sie einen Bissen Gras rupfen, kauen, runterschlucken und dann einen Schritt weitergehen. Gras ist nicht so nahrhaft, weshalb dein Pony eine ganze Menge davon fressen muss. Es frisst langsam und immer nur ein bisschen. So gelangen andauernd kleine Futtermengen in seinen Magen und wandern weiter in den Darm, wo sie von Bakterien zersetzt werden. Diese Bakterien müssen sich an jedes neue Futter gewöhnen. Deshalb musst du bei einem Futterwechsel langsam vorgehen. Wenn du deinem Pony anderes Futter geben möchtest, solltest du zu dem gewohnten Futter einige Tage lang kleine Mengen des neuen hinzugeben. Wenn das Pony in der Box steht und deshalb nicht wie in der Natur fressen kann, musst du trotzdem nach dem gleichen Prinzip vorgehen wie die Natur, das heißt: wenig und oft füttern.

Futtersorten

Es gibt verschiedene Sorten von Futter für Pferde und Ponys: Raufutter, Kraftfutter und Saftfutter.

Raufutter

Heu, Stroh und Silage sollten den größten Teil der Ernährung deines Ponys ausmachen.

Heu – ist geschnittenes, langes Gras, das in Ballen gepresst wurde. Das geschieht meist im Juni oder Juli.

Stroh – besteht aus getrockneten Getreidehalmen (meist handelt es sich um Haferstroh). Wird auch als Einstreu verwendet.

Silage – wird genauso gemacht wie Heu, allerdings wird es in Ballen gepresst, bevor es ganz getrocknet ist, und mit einer Polyethylenfolie umwickelt. Da Silage staubfrei ist, empfiehlt sie sich besonders für Ponys und Pferde mit Atemwegsproblemen und Stauballergie. Silage ist aber nährstoffreicher als Heu und eignet sich daher nicht für Ponys, die zu Hufrehe neigen.

Kraftfutter

Kraftfutter besteht hauptsächlich aus Getreide wie Hafer, Gerste und Mais. Es ist nährstoffreicher als Raufutter und sollte daher nur in kleinen Mengen über den Tag verteilt gefüttert werden. Wie viel genau du füttern musst, hängt davon ab, wie groß und wie schwer dein Pony ist und wie oft und wie lange es geritten wird. Sehen wir doch mal, was der Futterhändler alles zu bieten hat.

Hafer – ist das traditionellste Pferdefutter überhaupt und wird in natürlichem oder gequetschtem Zustand verfüttert. Hafer liefert jede Menge Energie und Nährstoffe. Aber viele Pferde und Ponys werden sehr „heiß“ davon und sind dann kaum noch reitbar. Daher auch das Sprichwort: *Den sticht der Hafer.*

Gerste – wird in natürlichem oder grob gequetschtem Zustand verfüttert. Die Pferde und Ponys werden nicht so „heiß“ davon wie vom Hafer. Gerste eignet sich zudem, wenn ein Tier Gewicht ansetzen soll.

Mais – wird in natürlichem, wegen der schweren Verdaulichkeit der Körner vor allem aber in grob gequetschtem Zustand verfüttert. Mais hat einen hohen Energiegehalt bei relativ geringem Eiweißgehalt, deshalb rechnet man, dass 1 kg Hafer durch etwa 0,8 kg Mais ersetzt werden kann. Er eignet sich ebenfalls, wenn das Pony oder Pferd zu dünn ist und zunehmen soll.

Weizenkleie – muss in angefeuchtetem Zustand verfüttert werden, damit sie im Magen nicht quillt. Sie hat eine positive Wirkung auf die Verdauung und wird deshalb auch gerne bei Ponys gefüttert, die zu Koliken neigen.

Leinsamen – enthält viele ungesättigte Fettsäuren und fördert den Glanz des Fells. Er enthält Blausäure, die ab einer gewissen Menge schädlich ist. Deshalb muss er vorher gekocht werden.

Häcksel – ist entweder klein geschnittenes Haferstroh oder Heu. Man gibt es ins Kraftfutter, damit die Kautätigkeit angeregt wird. Sie eignen sich auch zum

Untermischen von Pulver, falls das Pony sonst kein Kraftfutter bekommt.

Melasseschnitzel – sind meist getrocknete Zuckerrübenschnitzel, die mit Melasse versetzt wurden. Sie werden wegen des hohen Zuckergehalts gerne gefressen und müssen vor dem Füttern ausreichend aufgeweicht werden.

Müsli – ist ein aus verschiedenen Futter- und Getreidesorten gemischtes Kraftfutter, das sich besonders für Pferdebesitzer empfiehlt, die von Fütterung noch nicht so viel Ahnung haben. So muss man sich keine Gedanken machen, ob die Ernährung des Ponys auch ausgewogen genug ist.

Pellets – sind Röllchen aus gepressten Futter- und Getreidesorten, die in zahlreichen Variationen im Handel sind.

Alfalfa – ist getrocknete Luzerne, die über hochverdauliche Rohfasern, Kalzium, hochwertiges Eiweiß und natürliche Mineralien verfügt. Sie regt die Kautätigkeit an und verlangsamt die Futteraufnahme.

Saftfutter

Äpfel, Karotten und frisches Gras – also alles das, was dein Pony sehr gerne frisst und was man seinem verschmierten Maul nachher auch schön ansieht.

Gras – ist natürliches Futter für dein Pony. Wenn dein Pony nicht zu hart gearbeitet wird, kann es das ganze Jahr über

davon leben. Im Frühling und Sommer ist das Gras sehr nährstoffreich. Wenn das Pony zu viel davon frisst, kann es Hufrehe bekommen (siehe auch Seite 155).

Karotten – sind reich an Vitaminen. Schneide sie vor dem Füttern der Länge nach durch und wasche sie ab.

Äpfel – sind eine gute und gesunde Alternative zum abgepackten Leckerli. Vergiss auch hier das Abwaschen nicht!

Stallgeflüster

Futterqualität

Gutes Futter riecht immer süß und frisch und niemals säuerlich oder muffig.
Das Heu sollte grün-gelb sein und beim Aufschneiden des Ballens auseinander fallen. Auf keinen Fall darf es in Klumpen zusammenkleben. Es sollte beim Öffnen auch kein Staub in die Luft steigen.

Futterergänzungen

Es gibt jede Menge Nahrungsergänzungsmittel zu kaufen, aber die meisten davon dürften unnötig sein, wenn dein Pony ausgewogen gefüttert wird. Allerdings solltest du sowohl in der Box als auch auf der Koppel einen Salzleckstein anbringen.
Wenn im Winter die Sonne nicht oft scheint, kannst du einen Teelöffel Lebertran in das Futter geben, damit dein Pony genug Vitamin D bekommt. Du kannst auch normales Haushaltsöl über das Futter gießen, damit dein Pony ein glänzendes Fell bekommt. Wenn du der Meinung bist, dass dein Pony Futterergänzungsmittel braucht, solltest du vorher unbedingt mit deinem Tierarzt reden. Er kann auch einen Bluttest machen und herausfinden, welche Nährstoffe deinem Pony fehlen.

Stallgeflüster

Leckerlis

Ponys lieben Leckereien wie Äpfel, Karotten, die vor dem Verfüttern klein geschnitten werden. In deinem Reitsportgeschäft oder bei deinem Futterhändler gibt es außerdem auch jede Menge Pferdeleckerlis zu kaufen. Gib deinem Pony nicht zu viel davon, denn sonst fängt es noch an zu betteln oder nach dir zu schnappen. Und solche Unarten darf es sich gar nicht erst angewöhnen!

Wie viel soll ich füttern?

Die Futtermenge hängt von der Größe und dem Gewicht sowie dem Trainingszustand deines Ponys ab. Ein kräftig gebautes Pony braucht meist mehr Futter als ein leicht gebautes. Ein Pony, das hart arbeitet, braucht mehr Futter als eines, das meistens auf der Koppel steht. Manche Ponys wiederum sind bessere Futterverwerter als andere, weshalb sie weniger Futter brauchen.
Ein Blick auf dein Pony wird dir einiges über seinen Futterzustand sagen.

Das Gewicht des Ponys

Natürlich kannst du dein Pony nicht einfach auf die Badezimmerwaage stellen. Um das Gewicht deines Ponys einigermaßen genau zu bestimmen brauchst du eine Viehwaage. Vielleicht kennst du ja einen Bauern oder einen Reitstall, der über ein solches Gerät verfügt. Einige Leute bieten mittlerweile sogar den Service an, mit einer solchen Waage an den Stall zu kommen und das Gewicht der Pferde und Ponys zu messen.

Wenn das alles nicht geht, kannst du auch mit einem Maßband das ungefähre Gewicht deines Ponys bestimmen. Dazu musst du erst einmal den Brustumfang (das Maßband hinter dem Widerrist und hinter den Vorderbeinen anlegen) und anschließend die Körperlänge (vom Buggelenk bis zum Sitzbeinhöcker) berechnen. Wenn du jetzt

$$\frac{\text{Brustumfang x Brustumfang x Körperlänge}}{11900}$$

rechnest, ergibt sich so das Gewicht deines Ponys. Und das – egal ob zum Bestimmen der Futterration, bei der Menge der Wurmkur oder für das Ziehen des Pferdehängers – sollte jeder Ponybesitzer wissen!

Frage am besten eine Freundin, ob sie dir beim Messen hilft, da es gar nicht so einfach ist, mit dem Maßband zu hantieren und die Zahlen aufzuschreiben. Wahrscheinlich wird deinem Pony bei der Vermesserei ziemlich schnell langweilig und es fängt an herumzuzappeln.

Natürlich gibt es auch noch eine andere Möglichkeit, herauszufinden, ob dein Pony zu dick oder zu dünn ist. Sieh es dir einfach genau an und beantworte folgende Fragen:

1. Sieht man die Rippen und den Hüftknochen des Ponys? Wenn ja, ist es zu dünn.
2. Kannst man die Wirbelsäule fühlen? Wenn ja, ist es sehr dünn.

3. Oder, im Gegenteil, verschwindet die Wirbelsäule zwischen zwei Fettwülsten? Dann ist es zu dick.

Du solltest die Knochen des Ponys nicht sehen, sie aber wohl fühlen können, wenn du mit deinen Fingern darüber fährst. Der Hals sollte zwar gewölbt sein, sollte aber nicht so speckig sein, dass er wie der eines Hengstes aussieht.

Futter für ein Pony, das auf der Koppel steht

Wenn dein Pony immer draußen auf der Koppel steht, hast du kaum einen Anhaltspunkt, wie viel es täglich an Futter zu sich nimmt. Deshalb musst du gerade bei dieser Haltung sorgfältig darauf achten, dass es im Sommer nicht zu fett und im Winter nicht zu dünn wird. Wenn das Pony gut im Futter ist und nicht viel gearbeitet wird, braucht es beispielsweise im Sommer kein Zusatzfutter. Das gilt natürlich nur dann, wenn genügend Gras auf der Koppel ist! Im Winter braucht es je nach Wetterlage von Weihnachten bis März zusätzlich Heu. Wenn der Boden gefroren ist, musst du unabhängig vom Kalender Heu zufüttern. Je nachdem, wie viel das Pony arbeitet und was für ein Typ es ist, braucht es eventuell auch Kraftfutter.
Bei mehreren Ponys auf der Koppel solltest du das Heu in Haufen so verteilen, dass jedes von ihnen in Ruhe fressen kann und es nicht zu Streitigkeiten kommt. Gerade für rangniedrige Ponys und Pferde kann es nämlich sehr stressig sein, wenn sie von ihren ranghöheren Artgenossen immer wieder vom Futter weggejagt werden.

Futter für ein Pony, das im Stall steht

Um die Fütterung bei einem Pony, das in der Box steht, so artgerecht wie möglich zu halten, sollte es öfter kleine Portionen bekommen. Das heißt, dass es drei Mal am Tag kleine Mengen Kraftfutter bekommt und dazwischen immer wieder Heu, an dem es knabbern kann.
Das Kraftfutter kommt in einen Futtertrog, der sich etwa auf Brusthöhe des

Ponys befindet. Mach den Trog regelmäßig sauber! Wenn das Pony Futter im Trog übrig lässt, darfst du den Rest auf keinen Fall noch einmal verfüttern, sondern musst ihn unbedingt wegschmeißen.
Lege das Heu in einer Ecke auf den Boden, damit das Pony nicht drauftritt, wenn es sich in der Box umdreht. Du kannst auch ein Heunetz benutzen. Dieses sollte weder zu niedrig aufgehängt werden, da das Pony sich sonst mit dem Vorderhuf darin verfangen könnte, aber auch nicht zu hoch, da ihm sonst die Heuhalme beim Fressen ins Auge fallen.
Jetzt erfährst du, wie du ein Heunetz richtig füllst und – falls das Pony keinen Staub verträgt – nass machst.

Ein Heunetz füllen

1. Öffne das Heunetz ganz und vergewissere dich, dass das Seil sich nicht in den Maschen verheddert hat.
2. Überprüfe das Gewicht, indem du das Netz hochhältst. Eigentlich solltest du das Heunetz wiegen, aber das ist sehr

unpraktisch, wenn du keine Stallwaage hast. Du kannst jedoch zu Hause mal ein Kilo Heu auf eurer Waage abwiegen, sodass du in etwa ein Gefühl dafür bekommst, wie viel Heu ein Kilo ist.
3. Zieh an dem Strick, damit sich das Netz schließt und kein Heu herausfallen kann.
Wenn dein Pony eine Stauballergie oder Atemwegsprobleme hat (siehe auch

Seite 157), solltest du das Heu vorher nass machen, damit dein Pony keinen Staub einatmet. Du kannst das Heu in einer sauberen Schubkarre oder in einer Plastiktonne nass machen.

1. Fülle dazu den Behälter mit Wasser.
2. Befülle jetzt das Heunetz und drücke es in den Behälter, bis es ganz unter der Wasseroberfläche ist. Du kannst eine Harke oder etwas ähnliches darauf legen, damit es unten bleibt.
3. Das Heu muss etwa 15 bis 20 Minuten im Wasser liegen. Bevor das Pony damit gefüttert wird, solltest du das Wasser erst eine Weile ablaufen lassen.

Wenn du das Heu zu lange im Wasser liegen lässt, beginnt es – vor allem bei warmem Wetter – zu gären. Das ist gefährlich, da dein Pony eine Kolik (siehe auch Seite 156) davon bekommen könnte!

Futterregeln

Es gibt also sechs goldene Futterregeln. Sie lauten:

1. Füttere wenig und oft.
2. Füttere hauptsächlich Rau- und Grünfutter.
3. Das Pony sollte langsam an neues Futter gewöhnt werden.
4. Füttere nur Futter, das frisch und süß riecht.
5. Halte die Futterbehälter und Tröge sauber.
6. Sorge dafür, dass immer frisches Wasser bereit steht.

Und damit sind wir noch lange nicht am Ende. Lies weiter und erfahre, was noch zur Pflege eines Ponys gehört:

Die Pflege des Ponys

Gesund & schön

Putzen

Beim Putzen striegelt man Dreck, Matsch und Fett aus dem Fell des Ponys. Dafür gibt es einige gute Gründe: Zuerst einmal ist es wichtig, dass ein Pony, das gearbeitet wird, saubere Haut hat, damit es schwitzen kann. Zweitens stimuliert Putzen den Blutkreislauf. Außerdem wird das Hautfett über dem Fell verteilt und bringt es zum Glänzen. Und zu guter Letzt ist es natürlich viel angenehmer, mit einem sauberen als mit einem dreckigen Pony umzugehen. Wenn du

dein Pony jedoch ohne Decke auf der Koppel stehen hast, darfst du nur den trockenen Dreck aus seinem Fell bürsten, da die Haut sonst zu viel Fett verliert. Dann wird das Pony bei Regen sprichwörtlich bis auf die Haut nass und friert. Dennoch ist es sehr wichtig, dass der Dreck entfernt wird, da trockene Klumpen vor allem unter dem Sattel zu Satteldruck führen können. Wenn dein Pony viel im Matsch steht und nicht sauber gemacht wird, kann es außerdem Mauke kriegen (siehe auch Seite 158).

Pflege vor und nach dem Reiten

Du kannst dein Pony einmal vor und einmal nach dem Reiten putzen und pflegen. Vor dem Reiten striegelst du Dreck und Mistflecken aus dem Fell, bürstest die Mähne und kratzt die Hufe aus. Nach dem Reiten, wenn die Haut warm ist und die Poren geöffnet sind, kannst du deinem Pony noch einmal eine ordentliche Pflegeeinheit gönnen. Das solltest du allerdings nur dann machen,

wenn es nicht die ganze Zeit auf der Koppel steht.

Putzutensilien

Zur Pflege deines Ponys brauchst du eine ganze Reihe verschiedener Bürsten und Striegel sowie andere Dinge, die du am besten in einem Putzkasten verstaust.

Kardätsche – ovale Bürste mit kurzen, weichen Borsten. Die Rückseite ist aus Holz oder Plastik und hat einen Riemen, durch den du zum Putzen deine Hand steckst. Mit ihr wird der feine Staub ausgebürstet. Verwendet wird sie am Kopf und Körper des Ponys.

Wurzelbürste – Bürste mit langen, steifen Borsten. Die Rückseite ist aus Holz oder Plastik. Mit ihr kann man den getrockneten Matsch von den Beinen bürsten. Sie eignet sich auch zur Körperpflege eines Ponys, das im Winter nicht geschoren ist und auf der Koppel steht. Außerdem kann man den Schweif und die Mähne mit ihr bürsten.

Striegel – es gibt drei Sorten:
1) Metallstriegel; er wird nur zum Entfernen des Staubs aus der Kardätsche verwendet.
2) Gummistriegel; mit ihm kannst du trockenen Dreck und lose Haare aus dem Fell des Ponys entfernen.
3) Der Plastikstriegel wird genauso verwendet wie der Gummistriegel.
Alle Striegel haben auf der Rückseite ebenfalls einen Riemen für die Hand, damit man ihn besser halten kann.

Waschbürste – sieht aus wie eine Wurzelbürste, hat aber kürzere und weichere Borsten. Damit kannst du die Mähne und den Schweif deines Ponys frisieren.

Wischtuch – zum Beispiel ein Leinentuch, mit dem du dem Fell des Ponys den letzten Schliff verpassen kannst.

Hufkratzer – zum Auskratzen der Hufe.

Mähnenkamm – zum Verziehen und Einflechten der Mähne.

Schwämme – nimm zwei verschiedenfarbige und merke dir genau, welchen du wofür verwenden willst. Den einen brauchst du zum Reinigen der Augen und Nüstern, den anderen zum Sauberhalten des Afters.

Striegel

Hufkratzer

Wurzelbürste

Mähnenkamm

Kardätsche

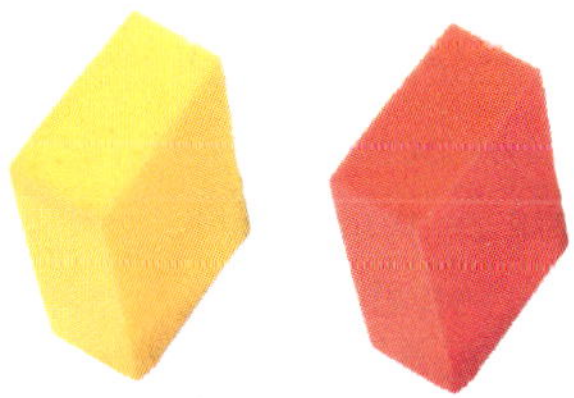

zwei Schwämme

Wie man ein Pony putzt

Nehmen wir einmal an, das Pony steht stundenweise im Stall, arbeitet ordentlich und hat Sommerfell. Wir gehen davon aus, dass du gerade von einem langen Ritt zurückkommst. Dein Pony hat Dreck an den Beinen und verschwitzte Stellen unter dem Sattel und unter dem Gurt. Und so machst du es am besten sauber:

1. Pony absatteln, Trense abnehmen, Halfter anlegen und anbinden.
2. Bürste den ganzen Dreck und die getrockneten Schweißflecken mit der Kardätsche aus. Bei heißem Wetter musst du die verschwitzten Stellen vielleicht mit dem Schwamm abwaschen. Ansonsten solltest du dein Pony aber nicht nass geschwitzt in den Stall bringen, sondern es nach dem Training so lange im Schritt am langen Zügel abreiten, bis es wieder trocken ist. Ein Pony, das nass in den Stall gestellt wird, kann sich schnell erkälten.

3. Kratz die Hufe des Ponys mit dem Hufkratzer aus und sorge dafür, dass der ganze Dreck und alle Steine entfernt werden.

Stallgeflüster

Das Aufheben der Hufe

Beim Aufheben der Hufe solltest du mit einem der Vorderbeine beginnen. Stell dich mit dem Rücken zum Kopf des Ponys und fahre mit der Hand langsam an der Hinterseite des Vorderbeins nach unten. Dabei sagst du: „Gib Huf!" Ein gut erzogenes Pferd wird den Huf jetzt widerstandslos geben. Wenn nicht, legst du deine Hände um den Fesselkopf und drückst das Pony zur Seite, damit es sein Gewicht auf das andere Vorderbein legen muss. Halte die Vorderseite des Vorderhufs in deiner Handfläche.
Beim Aufheben der Hinterhufe stellst du dich neben die Hinterhand, den Kopf zum Schweif gerichtet. Fahre wieder langsam mit der Hand an der Hinterseite des Hinterbeins nach unten und sage: „Gib Huf!" Wenn das Pony sich weigert, kannst du wie oben beschrieben verfahren.

4. Beginne auf der linken Seite am Hals des Ponys und bürste in langen, kräftigen Strichen in Richtung des Fellwuchses. Nach jedem zweiten oder dritten Strich streifst du die Kardätsche an dem Metallstriegel ab. Den Staub aus dem Striegel kannst du zwischendurch immer wieder in einem extra dafür bereitgestellten Eimer abklopfen. Arbeite dich so den Hals hinunter zur Schulter, der Brust und der Stelle zwischen den Vorderbeinen. Dann bürste das linke Vorderbein von oben nach unten. Danach den Rücken, die Flanken und den Bauch. Da viele Pferde und Ponys an Flanken und Bauch kitzelig sind, solltest du hier etwas vorsichtig sein, aber die Kardätsche auch nicht zu leicht aufsetzen. Dann könnte ein kitzeliges Pony erst recht aus der Fassung geraten! Bürste dann die Hinterhand und das linke Hinterbein. Vergiss auch nicht die Innenseite des Beins. Wenn du damit fertig bist, gehst du auf die rechte Seite und machst hier genau das Gleiche. Denk auch daran, unter der Mähne zu bürsten.

5. Öffne das Halfter, nimm es ab und ziehe es dem Pony über den Hals. Bürste vorsichtig den Kopf und pass auf, dass du ihm nicht mit dem harten Rücken der Kardätsche weh tust. Vergiss nicht, es auch hinter den Ohren und unter dem Schopf zu bürsten. Lege anschließend das Halfter wieder an.

6. Bürste den Schopf und die Mähne mit der Wurzelbürste.

7. Bürste den Schweif mit der Wurzelbürste. Fange dabei mit den Schweifspitzen an. Nimm dann den Schweif in eine Hand, lass ein paar Haare heraushängen und bürste sie von oben nach unten. Wenn du fertig bist, lässt du wieder ein paar Haare heraushängen und bürstest sie wie eben beschrieben. Mach weiter, bis der ganze Schweif gebürstet ist. Sei ganz vorsichtig und achte darauf, dass du keine Haare ausreißt. Es dauert nämlich ganz schön lange, bis sie wieder nachgewachsen sind!

8. Mach jetzt den Schwamm für das Gesicht nass und wringe ihn gut aus. Dann säuberst du die Augen des Ponys. Mach den Schwamm wieder nass und wringe ihn aus. Jetzt säuberst du die Nüstern.

9. Mit dem anderen Schwamm reinigst du den After.

10. Wenn du dein Pony für eine besondere Gelegenheit herausputzen möchtest, willst du ihm vielleicht Huffett auf die Hufe schmieren. Feuchte dazu die Hufe ein wenig an und trage mit einem Hufpinsel eine dünne Schicht auf.
11. Fahre jetzt mit dem Wischtuch über das Fell und entferne die letzten Staubreste.
12. Geh nun einen Schritt zurück und bewundere dein Werk!

Mähne einflechten

Für besondere Gelegenheiten, wie zum Beispiel ein Turnier, könntest du die Mähne deines Ponys einflechten. Rechne je nach Dicke der Mähne mit sieben, neun oder elf Zöpfen plus einem für den Schopf. Viele Zöpfe können einen kurzen Hals länger erscheinen lassen, weniger Zöpfe einen langen Hals kürzer. Wie das Einflechten geht? Ganz einfach:

Du brauchst:

- *eine Waschbürste*
- *einen Mähnenkamm*
- *Gummibänder*
- *ein Klebeband, dessen Farbe zur Mähne deines Ponys passt*
- *eine Schere*
- *Nadel, Faden*

1. Die Mähne sollte vor dem Einflechten sauber sein. Glätte sie mit der Waschbürste.
2. Kämme die Mähne und den Schopf mit einem Mähnenkamm.
3. Teile die Haare in gleichmäßige Strähnen ein und bündele sie mit einem Gummiband.
4. Dann musst du die Strähnen dritteln, flechten und das Ende mit einem Gummiband oder schon mit einem Faden befestigen.

5. Führe die Nadel von oben nach unten durch den Zopfansatz, durch das Ende des Zopfes durch und wieder zurück nach oben.
6. Führe die Nadel durch den Zopfansatz durch. Jetzt ist der Zopf zu einer Schlaufe genäht.
7. Wiederhole das Ganze.
8. Wenn die Nadel unten ist, klappe die Zopfschlaufe um und nähe sie von oben nach unten mehrere Male fest.
9. Stich die Nadel zum Schluss von unten nach oben durch den Zopfansatz, ziehe sie heraus und lasse den Rest des Fadens seitlich runterhängen.

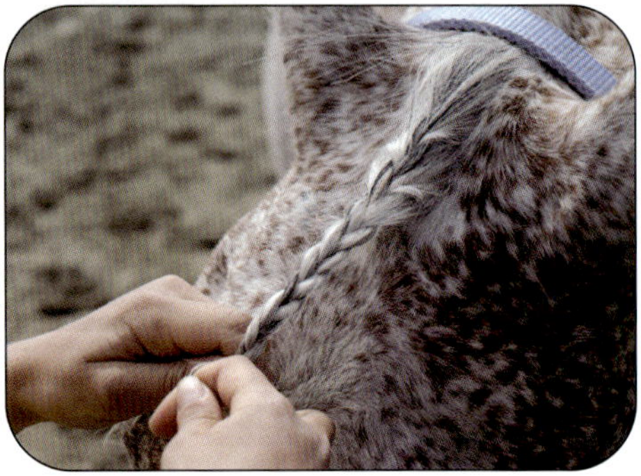

Stallgeflüster

Mähne verziehen

Vor dem Einflechten muss die Mähne verzogen werden. Dabei zieht man die langen Haare unter der Mähne mit einem Mähnenkamm aus. Nimm dazu eine Haarsträhne mit der linken Hand. Schiebe die meisten Haare mit dem Mähnenkamm nach oben. Die restlichen Haare wickelst du jetzt um den Kamm und ziehst ihn mit einem Ruck nach unten.

Schweif schneiden

Wenn der Schweif deines Ponys sehr lang ist und deshalb schnell dreckig wird, kannst du ihn schneiden. Bitte jemanden, den Schweif deines Ponys so zu halten, wie es ihn in der Bewegung trägt.

Stell dich jetzt neben das Pony und fasse den Schweif möglichst weit oben mit der Hand. Gleite dann bis etwa 10 cm unterhalb des Sprunggelenks nach unten. Schneide den Schweif mit einer scharfen Schere gerade ab. Was bei Warmblütern und Vollblütern gut aussieht, muss aber nicht unbedingt für andere Pferde- oder Ponyrassen gelten. Bei Arabern und Robustponys etwa sollte der Schweif wirklich nur dann geschnitten werden, wenn er viel zu lang ist. Das gilt übrigens auch für die Mähne!

Pflege von Schimmeln

Dass Schimmel (genauso wie Schecken und Appaloosas) aufgrund ihrer weißen Farbe eine besondere Herausforderung für jeden Pferde- und Ponybesitzer sind, versteht sich von selbst. Die gelben Mistflecken im Fell sind tatsächlich gar nicht so leicht zu entfernen. Manchmal hilft es, wenn man mehrere Male mit einer Wurzelbürste kräftig gegen den Fellwuchs bürstet.

In schwierigeren Fällen kann man entweder auf die zahlreichen Produkte aus dem Fachhandel oder auf ein altes Hausrezept zurückgreifen. Ein bisschen Holzkohlepulver auf die Flecken zu streuen und anschließend kräftig drüberzustriegeln kann nämlich wahre Wunder bewirken! Die beste Vorbeugung gegen Mistflecken aber ist eine saubere und trockene Einstreu. Und wenn du aufs Turnier fährst, legst du am besten am Abend vorher eine Decke auf.

Waschen

Wenn du mit deinem Pony auf ein Turnier oder zu einer Ausstellung fährst, möchtest du es vielleicht einmal von Grund auf reinigen. Das kannst du allerdings nur an einem warmen, windstillen Tag machen, da dein Pony sich ansonsten eine Erkältung holen könnte. Wenn es nass und kalt ist, solltest du daher einfach nur besonders gut putzen.

Das brauchst du zum Waschen:

- *mehrere Eimer warmes Wasser*
- *ein mildes Shampoo*
- *mehrere Schwämme*
- *einen Schlauch*
- *alte Handtücher*

1. Binde das Pony an einem ruhigen und sicheren Ort an.

2. Mische in einem Eimer etwas Shampoo in lauwarmes Wasser.

3. Tauche den Schwamm in das Wasser und beginne am oberen Halsansatz mit dem Waschen. Achte darauf, dass dein Pony dabei keinen Schaum in die Augen bekommt. Wasche jetzt die ganze Seite in Richtung des Haarwuchses.

4. Spritze dann den Schaum mit einem Wasserschlauch gründlich ab. Dreh den Hahn nicht zu weit auf. Falls du keinen Schlauch hast oder dein Pony sich nicht abspritzen lässt, kannst du den Schaum mit einem ausgewrungenen Schwamm abwaschen. Spüle den Schwamm dabei immer wieder in warmem Wasser aus.

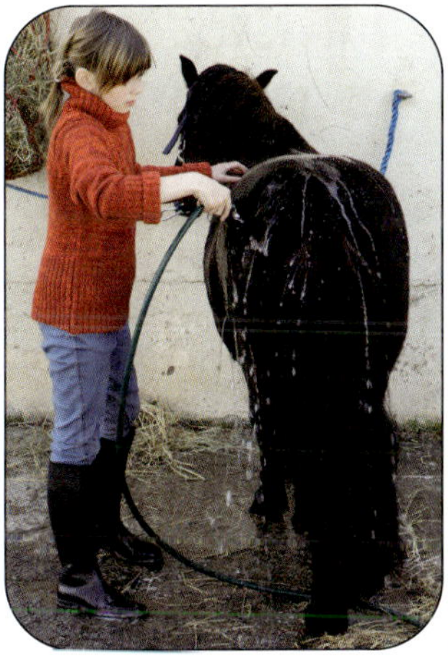

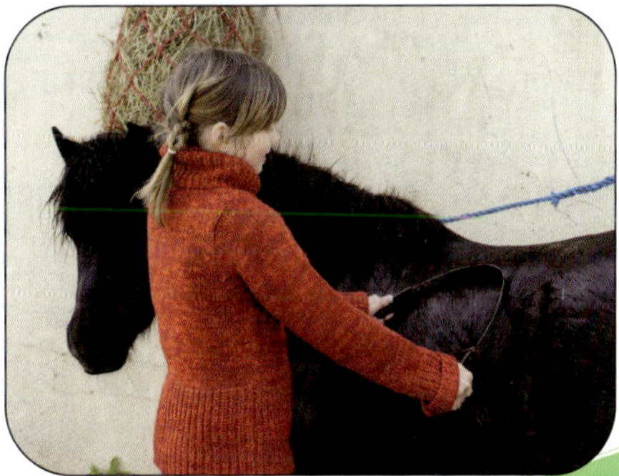

5. Nimm ein Schweißmesser und ziehe das Wasser damit in Haarwuchsrichtung ab. Du kannst statt des Schweißmessers auch eine Gerte oder deine Hand nehmen.

6. Verfahre jetzt genauso bei der anderen Seite. Achte darauf, dass kein Schaum auf die bereits gewaschene Seite kommt.

7. Schiebe den Schopf unter das Halfter oder – wenn das von der Länge her geht – hinter das Ohr Richtung Mähne, und wasche sowohl Schopf als auch Mähne wie eben beschrieben. Auch hier musst du aufpassen, dass dein Pony keinen Schaum ins Auge kriegt.

8. Nimm einen Eimer warmes Wasser, stell dich damit hinter das Pferd und halte ihn direkt unter den Schweif. Dann gehst du mit dem Eimer nach oben Richtung Schweifrübe und tauchst dabei die Schweifhaare ganz ins Wasser ein. Wasche auch die Schweifrübe mit dem Schwamm. Wenn du fertig bist, wringe den Schweif aus und spüle den Schaum aus. Wenn der Schaum weg ist, wringst du den Schweif noch einmal aus.

9. Die meisten Ponys mögen es nicht, wenn man ihnen das Gesicht wäscht. Wenn du es trotzdem machen musst (zum Beispiel wenn du einen Schimmel hast, der sehr dreckig ist), benutze am besten einen feuchten Schwamm ohne Shampoo.

10. Reibe das Fell in Haarwuchsrichtung ab. Wringe die Mähne und den Schweif mit einem Handtuch aus.

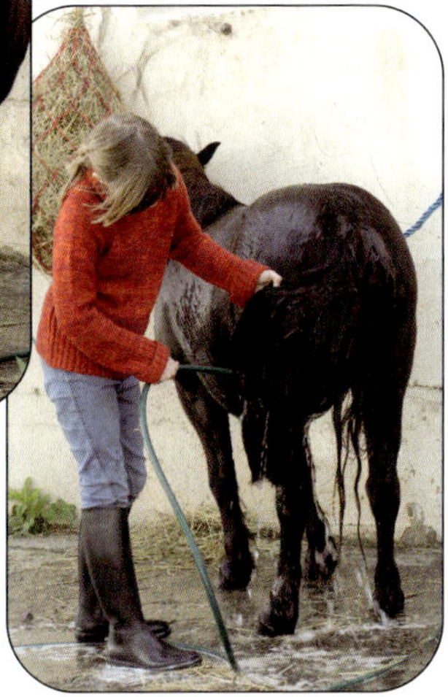

11. Bürste jetzt vorsichtig Mähne und Schweif. Wenn Haare verknotet sind, trenne sie vorsichtig mit den Fingern.

12. Wenn es richtig warm ist, kannst du dein Pony zum Trocknen auf die Koppel bringen. Wenn es sich aber gerne wälzt, solltest du es in den Stall bringen, ihm eine leichte Decke anziehen und Stroh unter die Decke stopfen oder ihm eine Abschwitzdecke auflegen und zum Trocknen mit ihm spazieren gehen.

Sollte dein Pony zu den seltenen Vertretern seiner Art gehören, die sich nicht allzu dreckig machen, kannst du auch nur die Mähne, den Schweif und weiße Fellpartien waschen.
Wenn es heiß ist, spritze dein Pony nach dem Reiten doch einfach ab. Beginne an den Hufen und wandere langsam nach oben bis zum Hals und zum Rücken. Achte darauf, dass dein Pony kein Wasser in die Augen oder Ohren bekommt. Ziehe es dann mit dem Schweißmesser ab und lasse es trocknen.

Scheren

Die meisten Pferde und Ponys bekommen im Winter ein dickes Winterfell und schwitzen stark, wenn sie viel arbeiten müssen. Um das zu vermeiden kann man sie scheren. Dann brauchen sie aber dringend eine Decke, damit ihnen nicht kalt wird. Geschoren wird meist im Oktober und dann wieder um Weihnachten herum. Es gibt verschiedene Möglichkeiten der Schur. Für welche man sich entscheidet, hängt davon ab, wie viel das Pony gearbeitet wird und ob es im Stall oder auf der Koppel steht. Hier sind einige Beispiele:

Ganzschur

Das Fell des Pferdes oder Ponys wird komplett geschoren. Das empfiehlt sich nur dann, wenn das Tier viel arbeiten muss. Wie jedes geschorene Pony oder Pferd (Ausnahmen sind Pferde mit Sportschur) sollte es bei kühlen Temperaturen sowohl im Stall als auch auf der Koppel immer eingedeckt sein.

Hunter-Schur

Beim Scheren werden die Beine, die Sattellage und ein Dreieck an der Schweifrübe ausgespart. Diese Schur bewahrt das Pony davor, dass es an den Beinen friert und dass der Sattel scheuert.

Deckenschur

Das Pony wird, außer an den Beinen und einer „Decke“ auf Widerrist, Rücken und Hinterhand, geschoren. Das empfiehlt sich für dünnhäutige Pferde, die auch im Winter viel geritten werden, aber dennoch Schutz vor Kälte brauchen.

Sportschur

Das Fell wird am Hals, den Schultern, unter dem Bug und auf den Oberschenkeln geschoren. Die Sportschur empfiehlt sich vor allem für eher robustere Pferde und Ponys, da sie bei nicht allzu kalten Temperaturen auch ohne Decke im Stall stehen können.

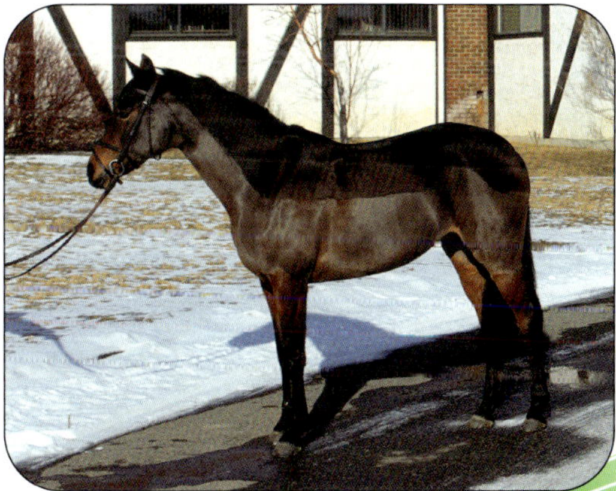

Hufpflege

Der Huf ist eines der wichtigsten Körperteile des Pferdes. Deshalb musst du dich besonders gut um die Hufe deines Ponys auch kümmern. Mindestens ein Mal am Tag müssen sie ausgekratzt werden. Ansonsten kann dein Pony sich kleine Steine eintreten, was ihm weh tun und mitunter sogar zu einem Hufgeschwür führen kann. Nasse Einstreu wiederum kann Infektionen wie Strahlfäule verursachen.

Das Horn des Hufes ist wie dein Fingernagel: Es wächst immer nach. In der freien Wildbahn würde dein Pony sich die Hufe auf natürlichem, hartem Untergrund ablaufen. Wenn du dein Pony jedoch ohne Eisen zu oft über harten Betonboden und auf Straßen reitest, wird es sich die Hufe zu arg ablaufen. Dann muss das Pony beschlagen werden. Ein Pony, das hauptsächlich auf weichem Boden läuft, wird wiederum in den meisten Fällen ohne Eisen gehen können. Doch ganz egal, ob das Pony Eisen hat oder barfuß läuft, du brauchst auf jeden Fall alle sechs bis acht Wochen einen Schmied, der die Hufe ausschneidet und gegebenenfalls die Eisen erneuert.

Fragen wir doch einmal Freddie, den Schmied, ob er uns seine Arbeit Schritt für Schritt erklären kann.

1. Wenn dein Pony schon beschlagen ist, nehme ich ihm erst einmal die Eisen ab. Dazu löse ich erst die Nieten und ziehe dann die Eisen ab.

2. Dann wird der Huf sorgfältig, aber nicht übermäßig ausgeschnitten. Dabei werden alle überflüssigen Hornteile entfernt und der Strahl geglättet.
3. Nachdem ich den Tragrand gekürzt habe, raspele ich ihn so lange, bis er eben ist.
4. In der Zwischenzeit sind die Eisen schon im Ofen, damit sie zum Anpassen auch heiß genug sind. Es könnten die alten Eisen sein, falls sie nicht zu abgetragen sind, oder eben neue Eisen. Auf dem Amboss bringe ich die Eisen dann in Form.

5. Halten kann ich die Eisen nur mit der Zange, denn sie sind natürlich glühend heiß. Wenn sie beim Anpassen an den Huf kommen, schmort das Horn, was ganz schön stinkt.
6. Wenn die Eisen dann noch nicht passen, bearbeite ich sie noch einmal auf dem Amboss. Wenn die Form dann okay ist, tauche ich das Eisen in Wasser, um es abzukühlen.
7. Vor dem Aufnageln werden die Eisen noch einmal sorgfältig geschliffen.
8. Dann schlage ich die Nägel ein. Dabei passe ich gut auf alles richtig zu machen, damit sie auch lange halten.
9. Jetzt werden die überstehenden Nagelspitzen mit dem Hammer platt geschlagen und mit der Raspel geglättet, damit sich dein Pony nicht an ihnen verletzen kann. Dabei stelle ich die beiden Vorderhufe deines Ponys nacheinander auf einen Hufbock.

Die Gesundheit deines Ponys

Um zu merken, wenn etwas mit deinem Pony nicht stimmt, musst du logischerweise erst mal wissen, wie es normalerweise ist und sein sollte. Beobachte dein Pony also, wenn es auf der Koppel oder im Stall steht. Mach dir ein Bild von seinen Gewohnheiten, finde heraus, wie es sich benimmt, wenn es sich zum Ausruhen hinlegt, und so weiter. Du solltest außerdem die normale Körpertemperatur deines Ponys kennen. Gleiches gilt für den Puls und die Atmung. Schreibe dir die Werte auf und hänge den Zettel so hin, dass du ihn gut sehen kannst. Wenn du einmal vermutest, dass etwas nicht stimmt, kannst du die Werte, die du dann nimmst, mit denen auf deiner Liste vergleichen. Du hast noch nie die Temperatur eines Pferdes gemessen? Wir sagen dir, wie's geht:

Temperatur messen

Die Normaltemperatur eines Pferdes oder Ponys liegt zwischen 37,5 und 38,2 Grad Celsius. Du solltest die Temperatur im Ruhezustand messen und nicht dann, wenn das Pony gerade gearbeitet hat und erhitzt ist.

1. Nimm ein Thermometer und gebe etwas Öl oder Creme auf die Spitze. Dann schiebst du es dem Pony vorsichtig in den After.
2. Lasse es so lange dort, bis das Signal dir zu erkennen gibt, dass du es wieder rausnehmen kannst.
3. Wische das Thermometer gut ab und lege es an einen Platz, an dem du es jederzeit wiederfindest.

Puls kontrollieren

Im Ruhezustand haben Ponys und Pferde einen Puls von 30 bis 40 Schlägen pro Minute.

1. Den Puls deines Ponys kannst du messen, indem du deine Finger an die Unterkante der Ganasche legst.
2. Zähle 20 Sekunden lang die Schläge und multipliziere die Zahl anschließend mit drei.

Atemfrequenz

Ein Großpferd macht im Ruhezustand etwa 8 bis 16 Atemzüge pro Minute. Bei einem Kleinpferd können es auch bis zu 24 sein.

Die Atemfrequenz misst du ganz einfach, indem du dir die Flanken ansiehst. Zähle immer dann mit, wenn das Pferd ausatmet.

Tierärztliche Routine

Damit dein Pony gesund bleibt, musst du es regelmäßig entwurmen, impfen und seine Zähne untersuchen lassen. Und das empfiehlt Dr. Pferdecheck:

Wurmkur

„Alle Pferde und Ponys haben Parasiten in ihren Verdauungsorganen. Diese Parasiten müssen entfernt werden, da dein Pony sonst krank werden und im schlimmsten Fall sogar sterben könnte. Deshalb sollte es alle drei Monate entwurmt werden. Bei der Wurmkur handelt es sich meistens um eine Paste, die du mit einem Applikator direkt ins Maul verabreichst. Die Menge hängt dabei vom Gewicht deines Ponys ab. Da es verschiedene Wurmkuren für verschiedene Parasitengruppen gibt, solltest du dich vorher mit deinem Tierarzt absprechen."

Impfungen

„Ein Pony oder Pferd sollte alle sechs Monate gegen Herpes und Influenza geimpft werden. Weitere notwendige Impfungen sind die gegen Tollwut (jährlich) und Tetanus (alle zwei Jahre). Die Impfungen werden vom Tierarzt in den Pferdepass eingetragen, den du immer vorzeigen können solltest, wenn du dein Pferd transportierst, auf ein Turnier fährst, den Stall wechselst, und so weiter."

Zähne überprüfen

„Normalerweise siehst du immer nur die Vorder- und Schneidezähne deines Ponys. Aber im hinteren Bereich des Mauls befinden sich noch große, mächtige Backenzähne, mit denen das Pony sein Futter zermalmt. Diese Backenzähne können uneben werden, sodass das Pony sein Futter nicht mehr richtig zerkauen kann. Damit nicht genug, können auch scharfe Kanten entstehen, die dem Pony weh tun und zu Rittigkeitsproblemen führen können. Deshalb solltest du einmal im Jahr die Zähne deines Ponys untersuchen lassen. Dabei steckt der Tierarzt deinem Pferd ein metallenes Gerät ins Maul, damit er hineinlangen kann ohne gebissen zu werden. So kann er ungehindert die Zähne überprüfen und sie gegebenenfalls glatt raspeln. Versuche niemals selbst in das Maul deines Ponys zu fassen. Das könnte sehr schmerzhaft werden!"

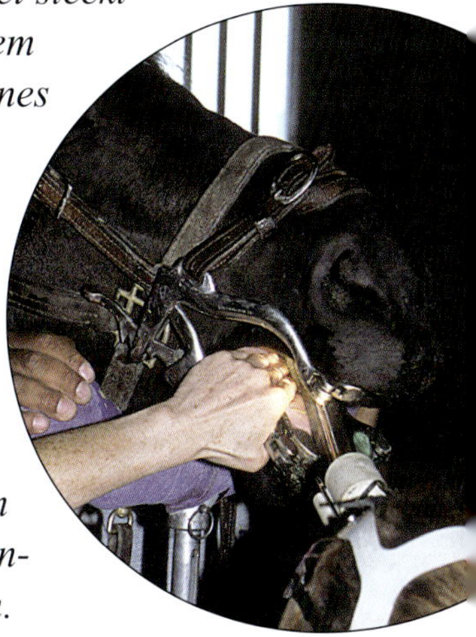

„Wenn es deinem Pony offensichtlich nicht gut geht oder es verletzt ist, solltest du umgehend den Tierarzt rufen. Da sich Ponys aber immer wieder mal kleine Kratzer und Schnittwunden zuziehen, solltest du lernen, auch selbst Hand anzulegen, sprich: Erste Hilfe zu leisten."

Schnittwunden

„Wenn sich dein Pony an etwas geschnitten hat, musst du die Wunde desinfizieren. Dazu kannst du entweder ein Desinfektionsmittel auf ein Baumwolltuch träufeln und die Wunde damit von innen nach außen abtupfen oder eines der vielen Desinfektionssprays nehmen, die im Reiterfachgeschäft angeboten werden. Wenn die Wunde am Bein ist, kannst du sie mit einer sauberen Bandage verbinden. Bei einer starken Blutung musst du den Tierarzt rufen. Kleinere Verletzungen kannst du selbst mit einer Wundcreme behandeln. Die haben nicht nur eine desinfizierende Wirkung, sondern halten auch die Fliegen von der Wunde fern."

Lahmheiten

„Du solltest jeden Tag die Beine deines Ponys abtasten und dich vergewissern, dass sie kühl, unverletzt und nicht geschwollen sind. Wenn du den Verdacht hast, dass dein Pony lahmt, lass es auf hartem Boden Schritt und Trab gehen. Es wäre gut, wenn du jemanden bittest, sich das mal anzuschauen. Lahmheiten erkennst du am besten im Trab.

Wenn das Pony lahmt, musst du überprüfen, ob das betreffende Bein warm ist. Anschließend nimmst du den Huf hoch und siehst nach, ob sich ein Stein in die Hufsohle gedrückt hat. Stell das Pony mit ein bisschen Heu in die Box, falls es

eine Hufrehe ist (siehe auch das nächste Kapitel). Bei starker Lahmheit musst du umgehend den Tierarzt rufen!"

Als Ponybesitzer musst du natürlich auch die Krankheiten und Probleme kennen, die bei Ponys auftreten können. Und da gibt es einige:

Krankheiten

Hufrehe

Beschreibung: Entzündung der Huflederhaut, meist sind beide Vorderhufe betroffen

Symptome: Vorderbeine weit vorgestreckt, während die Hinterbeine unter den Körper geschoben werden, um die vorderen Gliedmaßen zu entlasten; auch ein klammer Gang auf hartem Untergrund kann ein Symptom sein

Schweregrad: schwere und schmerzhafte Krankheit, bei der das Hufbein mit der Spitze zur Sohle gedreht wird und sich im schlimmsten Fall der Knochen durch die Sohle drücken kann

Ursachen: Aufnahme von zu viel frischem Weidegras oder Getreide; eine Belastungsrehe entsteht unter anderem durch falschen Beschlag oder übermäßiges Gehen auf hartem Boden

Behandlung: Pony von der Koppel nehmen und nur wenig Heu und Stroh füttern; sofort den Tierarzt rufen!

Vorbeugung: Wenn dein Pony zu Hufrehe neigt, musst du es im Frühjahr und Sommer mit nur etwas Raufutter im Stall behalten. Das klingt hart, ist aber das Beste für dein Pony. Wenn es nicht in den Stall kann, musst du ihm einen Maulkorb umlegen.

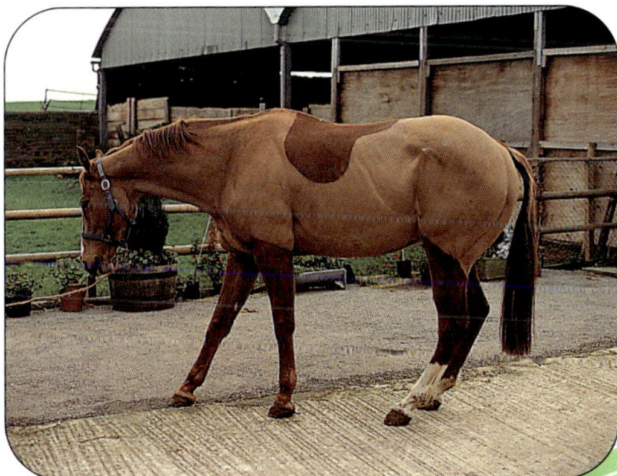

Kolik
Beschreibung: schmerzhafte Verdauungsstörung
Symptome: Scharren mit den Vorderbeinen, Rausstellen der Hinterbeine, Umdrehen zum Bauch, Schweifschlagen, Hinlegen, Schweißausbrüche, erfolglose Versuche zu äpfeln
Schweregrad: sehr ernste Krankheit; kann mitunter zum Tod führen
Ursachen: Futterumstellung, zu viel Kraftfutter, Stress, Parasitenbefall, Magengeschwüre, Bewegungsmangel
Behandlung: das Pony so stellen, dass es nichts fressen kann; sofort den Tierarzt rufen!
Vorbeugung: Sorge dafür, dass es immer ausreichend Wasser und Raufutter bekommt und täglich Bewegung hat. Sieh außerdem zu, dass dein Pony regelmäßig entwurmt wird und immer sauberes, frisches Futter bekommt.

Chronische Bronchitis

Beschreibung: Husten; wird auch als Heu- oder Stauballergie bezeichnet
Symptome: Atemnot, Husten bei Belastung, Heustaub, Wetteränderungen
Schweregrad: Mit der Krankheit lässt sich relativ gut umgehen, wenn das Pony nicht im Leistungssport gehen soll. Es muss aber behandelt werden, da es sonst dämpfig werden und deswegen dann nicht mehr geritten werden kann.
Ursachen: tritt auf, wenn ein Pony bei einer Virusinfektion nicht rechtzeitig oder nicht lange genug geschont wurde
Behandlung: intensive körperliche Betätigung vermeiden; schleimlösende Medikamente erleichtern das Abhusten; als Einstreu Späne verwenden; nasses Heu füttern
Vorbeugung: Bei Husten unbedingt den Tierarzt hinzuziehen, damit eine eventuelle Virusinfektion rechtzeitig behandelt werden kann. Das Pony sollte während des Genesungsprozesses möglichst staubfrei stehen und nicht überlastet werden.

Sommerekzem

Beschreibung: allergische Reaktion auf Stiche von so genannten Gnitzen oder Kriebelmücken
Symptome: starker Juckreiz
Schweregrad: In schweren Fällen ist ein Sommerekzem sehr unangenehm für das Pony, da es unter ständigem Juckreiz leidet.
Ursachen: Man geht davon aus, dass Eiweißüberschuss sowie eine starke Verfettung die Allergie fördern.
Behandlung: Da die Mücken vor allem in den frühen Morgenstunden und in der Abenddämmerung unterwegs sind, sollten betroffene Ponys zu diesen Tageszeiten im Stall stehen. Es gibt bestimmte Cremes und Salben, die in manchen Fällen Abhilfe schaffen können. Am besten ist es, sich vor einer Behandlung mit dem Tierarzt abzusprechen.
Vorbeugung: empfindliche Ponys morgens und während der Abenddämmerung in der Box lassen; auf gesunde Ernährung achten

Mauke

Beschreibung: Entzündung in der Fesselbeuge aufgrund von Pilzen oder Bakterien

Symptome: Entzündungen, Schwellungen und Krusten, die immer wieder aufreißen

Schweregrad: nicht gefährlich, sollte aber schnell behandelt werden

Ursachen: schlecht gemistete Boxen, matschige Paddocks und Koppeln und ungenügende Pflege

Behandlung: Pony auf trockene Einstreu stellen und, falls die Koppel matschig ist, in der Box lassen, bis die Symptome abgeklungen sind. Beine täglich mit Seifenlauge waschen, damit die Krusten gut entfernt werden können. Wenn nach einer Woche keine Besserung eingetreten ist oder Fieber auftritt, den Arzt rufen.

Vorbeugung: Das Pony immer auf saubere Einstreu stellen, nicht lange auf der matschigen Koppel lassen und jeden Tag die Fesselbeuge untersuchen. Bei Weideponys den Kötenbehang nicht abschneiden!

Magendasselbefall

Beschreibung: Larven der weiblichen Dasselfliege, die in den Magen gelangen

Symptome: Schwellungen des weichen Gaumens, Entzündungen der Zunge und der Maulschleimhaut, gefolgt von Kau- und Schluckbeschwerden; später Koliken, wechselnder Appetit, Durchfall und Mattigkeit

Schweregrad: Ein Befall muss unbedingt behandelt werden, da er zu Geschwüren, Magenschleimhautentzündung und zum Magendurchbruch mit anschließender Bauchfellentzündung führen kann.

Ursachen: Die weiblichen Dasselfliegen legen ihre Eier im Fell des Ponys ab und gelangen von dort in die Maulschleimhaut. Nach einer Reifezeit von 3 bis 4 Wochen sind sie bis in den Magen vorgedrungen.

Behandlung: Medikamente töten die Larven im Verdauungstrakt ab.

Vorbeugung: Wenn du im Sommer und Herbst an den Haaren deines Ponys etwa 2 mm lange hellgelbe Eier findest, musst du diese gründlich entfernen.

Medizin verabreichen

Medizin in Pulverform kannst du anfeuchten und ins Futter mischen.
Für die Verabreichung von flüssiger Medizin brauchst du eine Injektionsspritze ohne Nadel. Die bekommst du vom Tierarzt. Fülle die Spritze mit der Medizin und schiebe sie seitlich in das Maul des Ponys. Lege deine andere Hand über seine Nase und drücke dann die Medizin aus der Spritze, damit die Flüssigkeit in den Rachen deines Ponys läuft. Dabei sollte die Spritze nach hinten, Richtung Rachen, zeigen, und der Kopf deines Ponys möglichst waagerecht sein, da sonst alles seitlich aus dem Maul herausläuft.

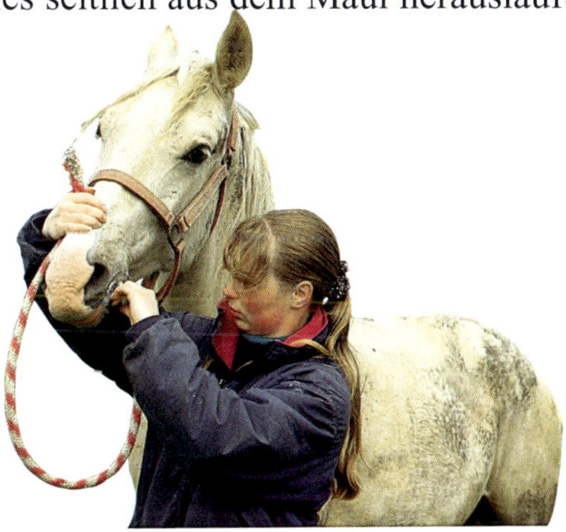

Stallgeflüster

Eine Spritze füllen

Drücke zuerst den Kolben nach unten, damit keine Luft mehr in der Spritze ist. Halte die Spritze dann mit der Spitze in die Flüssigkeit, ziehe den Kolben langsam nach oben, bis so viel Flüssigkeit wie benötigt in der Spritze ist.

Das hört sich alles ganz schön kompliziert an? Ja, aber du wirst merken, dass dir das alles mit zunehmender Routine immer leichter fallen wird. Lass dir trotzdem am Anfang von jemandem helfen, der sich damit auskennt.

Ausrüstung

Sattelzeug & Zubehör

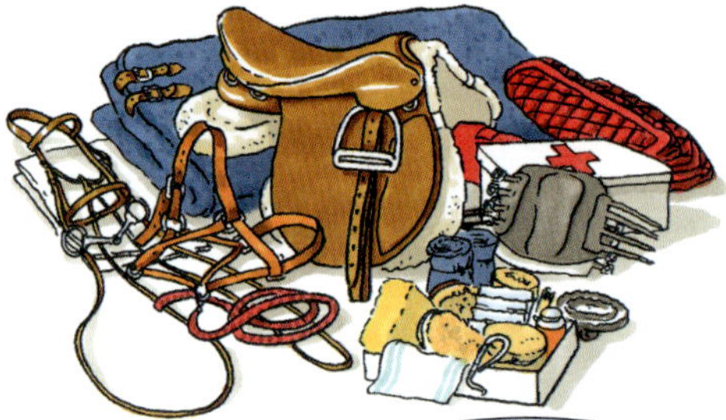

Trense, Sattel und alles andere, was man zum Reiten braucht, nennt man Sattelzeug. Normalerweise ist es aus Leder, und wenn du es sorgfältig pflegst, hält es im Idealfall viele Jahre. Du kannst auch Sattelzeug aus synthetischem Material kaufen. Das ist billiger und braucht auch nicht so viel Pflege. Allerdings hält es auch nicht so lange.

Trense

Die Trense ist sozusagen das Steuer am Pferd. Kopf- und Backenstück halten das Gebiss. Der Nasenriemen hindert das Pony daran, sein Maul zu weit zu öffnen und sich so der Wirkung des Gebisses zu entziehen. Der Stirnriemen sorgt dafür, dass die Trense nicht zurückrutscht, und

der Kehlriemen wiederum verhindert, dass sie über den Kopf des Ponys nach vorne rutscht.
Trensen gibt es in verschiedenen Größen – für Ponys, Vollblüter und Warmblüter.

Es gibt auch noch Sondergrößen für besonders kleine Ponys, zum Beispiel Shetland- oder Miniponys.

Gebisse

Gebisse dienen zur Kontrolle des Ponys und sind meistens aus rostfreiem Stahl gemacht. Es gibt sie in verschiedenen Größen, und bei der Auswahl musst du unbedingt darauf achten, dass du eines findest, das deinem Pony auch passt. Dicke Trensengebisse sind immer den dünnen vorzuziehen. Es gibt also unendlich viele verschiedene Gebisse – hier einige der häufigsten.

Wassertrense – Wassertrensen sind in der Mitte entweder ein oder zwei Mal gebrochen. Die zwei Mal gebrochenen sind deutlich weicher, da sie nicht so großen Druck auf die Zunge ausüben.

Kandare – Die Kandare besteht aus einer Unterlegtrense und einem Stangengebiss. Bei der Unterlegtrense handelt es sich um eine dünne, gebrochene Wassertrense mit kleinen Ringen. Das Stangengebiss hat seitliche Anzüge und eine Kinnkette. Die Kandare hat eine schär-

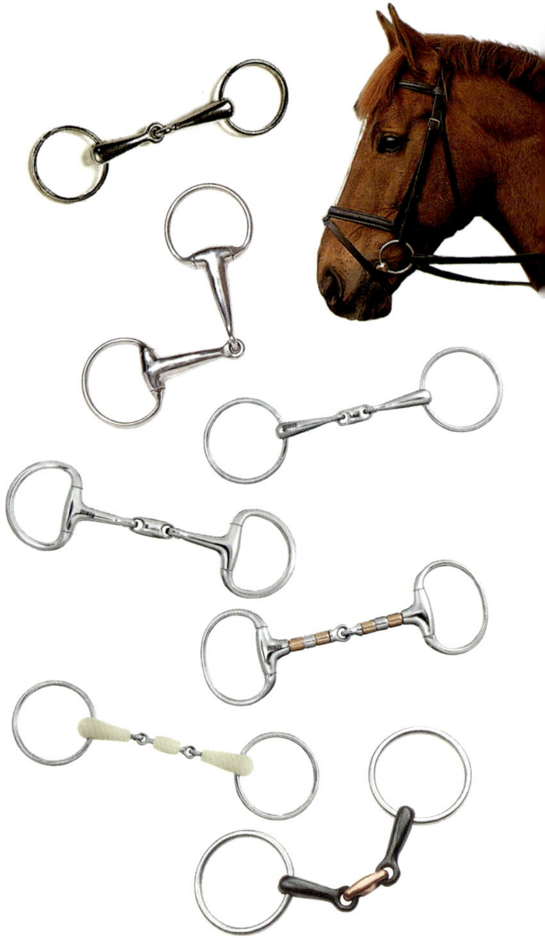

Fotos: Hööks Hestesport

fere Wirkung als eine Trense und darf nur von sehr erfahrenen Reitern auf dafür ausgebildeten Pferden angewendet werden.

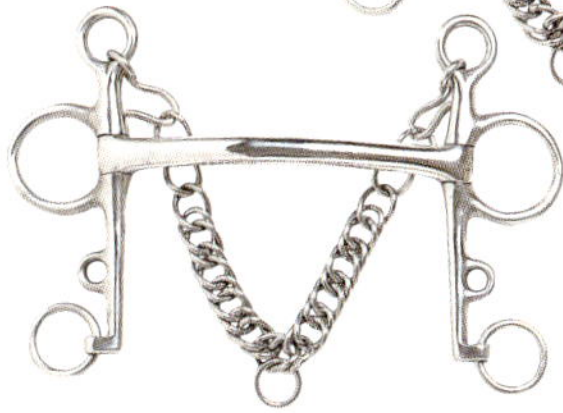

Pelham – Beim Pelham handelt es sich um ein Trensengebiss mit einer Kandarenstange. Es hat eine wesentlich schärfere Wirkung als eine Trense und wird vor allem bei heftigen Pferden im Parcours angewendet. Auch ein Pelham gehört nur in die Hände eines erfahrenen Reiters!

Kimblewick – das Kimblewick gibt es sowohl als Stangen- als auch als gebrochenes Gebiss. Es wirkt stärker als eine gewöhnliche Wassertrense, da das gebrochene Gebiss aufgrund seines „Nussknackereffekts“ eine noch größere Einwirkung auf das Pony oder Pferd ermöglicht. Es gehört ebenfalls nur in die Hände eines erfahrenen Reiters!

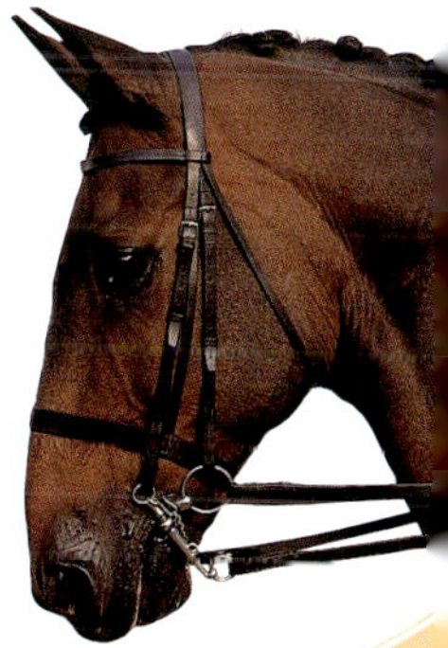

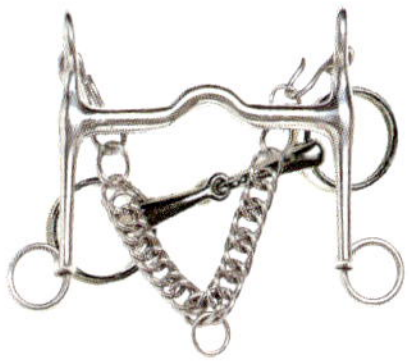

Gebisslose Zäumungen

Es gibt auch Zäumungen ohne Gebiss, wovon das Hackamore sicher die bekannteste ist. Diese Zäumungen funktionieren, indem sie Druck auf die Nase des Ponys ausüben und sollten nur von einem erfahrenen Reiter angewendet werden.

Westerntrense

Die klassische Westerntrense hat weder einen Stirn- noch einen Kehlriemen. Genauso wenig verfügt sie über einen Nasenriemen. Die meisten Westernpferde werden mit einer so genannten Westernkandare geritten. Die Zügel sind meistens aus Leder, sehr lang und nicht zusammengeschnallt.

Auftrensen

1. Achte darauf, dass Kehl- und Nasenriemen offen sind.

2. Stell dich links neben den Kopf des Ponys, öffne das Halfter und lege es dem Pony um den Hals.

3. Halte die Trense am Kopfstück in deiner linken Hand und lege mit der rechten Hand die Zügel über den Hals des Ponys.

4. Nimm das Kopfstück in die rechte und das Gebiss in die linke Hand.

5. Lege dem Pony das Gebiss ins Maul. Du kannst etwas nachhelfen, indem du den Daumen dort in die Maulspalte legst, wo keine Zähne sind.

6. Wenn das Pony das Gebiss angenommen hat, ziehst du ihm das Kopfstück über die Ohren.

7. Ziehe den Schopf über den Stirnriemen und vergewissere dich, dass er gerade ist und dem Pony nicht an den Ohren drückt.

8. Befestige den Kehlriemen so, dass zwischen Riemen und Kehle eine Hand gut Platz hat.

9. Befestige den Nasenriemen und achte darauf, dass zwischen der Nase des Ponys und dem Riemen zwei Finger Platz haben.

10. Vergewissere dich schließlich, dass alle Riemen zu sind und richtig sitzen.

11. Wenn du ein aufgetrenstes Pony noch einmal anbinden musst, klemme die Zügel hinter die hoch geschobenen Steigbügel und ziehe das Halfter über die Trense. Binde dein Pony niemals an der Trense an!

Sättel

Natürlich kannst du dein Pony auch ohne Sattel reiten. Aber auf Dauer wird das sehr unbequem! Der Sattel ist nicht umsonst der wichtigste Bestandteil der Reitausrüstung.
Früher wurde das Innengerüst aus Holz und Stahl gemacht, heute besteht es fast nur noch aus Kunststoff, Kunstharzen und Glasfiber, da diese Materialien länger halten und leichter sind. Es gibt Sättel in verschiedenen Größen und Weiten und für unterschiedliche Ansprüche, und zwar folgende:

Vielseitigkeitssattel – Dieser Sattel eignet sich sowohl zum Springen als auch für die Dressur. Die Sattelpauschen sind etwas vorgeschoben und gepolstert.

Dressursattel – Ein Dressursattel hat lange, wenig aufgepauschte Sattelblätter, die ein eng anliegendes Knie und einen langen Unterschenkel und so einen direkten Kontakt zum Pferd ermöglichen.

Springsattel – Der Springsattel hat weit vorgezogene Pauschen, die stark gepolstert sind. Sie ermöglichen einen

Vielseitigkeitssattel

Dressursattel

Sitz mit kurzen Bügeln, bei dem der Rücken des Ponys entlastet werden soll. Es gibt auch Modelle mit gepolsterten Wadenpauschen, die ein Hochgleiten des Unterschenkels verhindern.

Westernsattel – Dieser Sattel wurde für die Pferde der Cowboys entwickelt und musste Platz für all ihr Hab und Gut – etwa Schlafdecken und Lebensmittel – haben. Deshalb verfügt er über zahlreiche Lederriemen, an denen sich Satteltaschen und sonstiges Zubehör befestigen lassen. Die Steigbügel sind aus Holz und meistens mit Leder überzogen. Vorne am Sattel ist das so genannte Sattelhorn, das Halt bietet und an dem die Cowboys ihr Lasso angebracht haben. Westernsättel sind viel schwerer als Englischsättel. Da sie jedoch über eine größere Auflagefläche verfügen und das Gewicht so besser verteilt ist, sind sie wesentlich angenehmer für den Pferderücken und eignen sich hervorragend für lange Ritte.

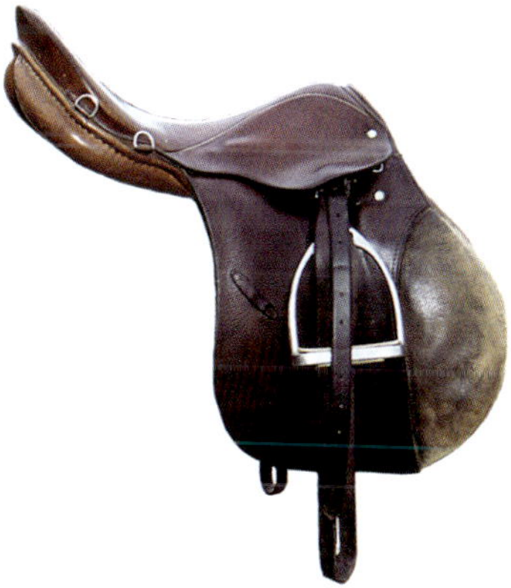

Springsattel

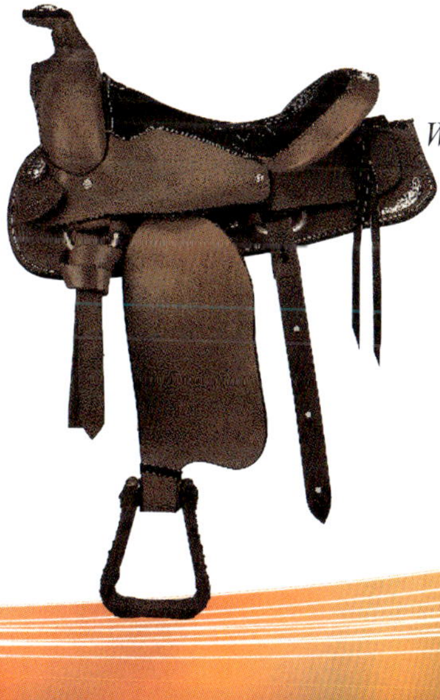

Westernsattel

Sattelgurte

Sattelgurte halten den Sattel auf dem Pferderücken und zählen zu den größten Sicherheitsfaktoren beim Reiten. Der Sattelgurt beim Englischsattel hat zwei Schnallen, die sich an den Strippen unter dem Sattelblatt anbringen lassen. Übrigens sind dort immer drei Strippen an jeder Seite angebracht, für den Fall, dass ein Riemen einmal kaputtgeht. Normalerweise nimmt man immer die erste und die dritte Strippe. Der Sattelgurt sollte so angebracht sein, dass er eine Handbreit hinter dem Ellbogenhöcker des Pferdes liegt. Es gibt Ledergurte, Schnurgurte und Kunststoffgurte. Wenn dein Pony besonders empfindlich ist, kannst du ihm auch einen Sattelgurtschoner aus Lammfell oder Kunstfell besorgen. Das ist sehr angenehm für dein Pony, hat aber den Nachteil, dass du beim Reiten mit dem Schenkel nicht mehr richtig an den Gurt kommst. Deshalb solltest du beim Dressurreiten darauf verzichten.

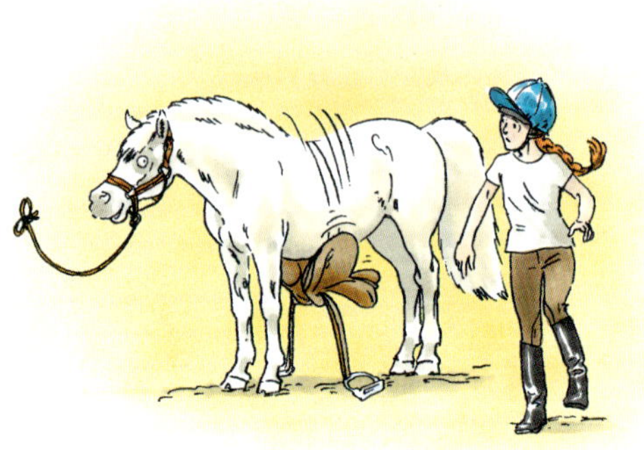

Aufsatteln

Sorge dafür, dass die Steigbügel hoch geschoben sind. Wenn der Sattel und die Satteldecke getrennt sind, lege zuerst die Satteldecke auf. Der Gurt ist an der rechten Seite des Sattels befestigt.

1. Stelle dich links neben das Pony und lege die Satteldecke auf.

2. Lege den Sattel auf die Satteldecke und schiebe beides in Haarwuchsrichtung auf seinen Platz hinter den Widerrist.

3. Befestige die Satteldecke am Sattel.

4. Das machst du dann auch auf der rechten Seite. Ziehe außerdem den Sattelgurt durch die Schlaufe an der Satteldecke und lass ihn herunterhängen. Vergewissere dich, dass der Gurt nicht verdreht ist.

5. Gehe wieder auf die linke Seite des Ponys und greife unter seinem Bauch nach dem Sattelgurt. Ziehe ihn jetzt auch auf der linken Seite durch die Schlaufe der Satteldecke.

6. Befestige den Gurt an den Strippen. Wenn du nicht sofort reitest, solltest du den Gurt nicht zu fest anziehen.

7. Streiche das Fell des Ponys an beiden Seiten unter dem Gurt glatt.

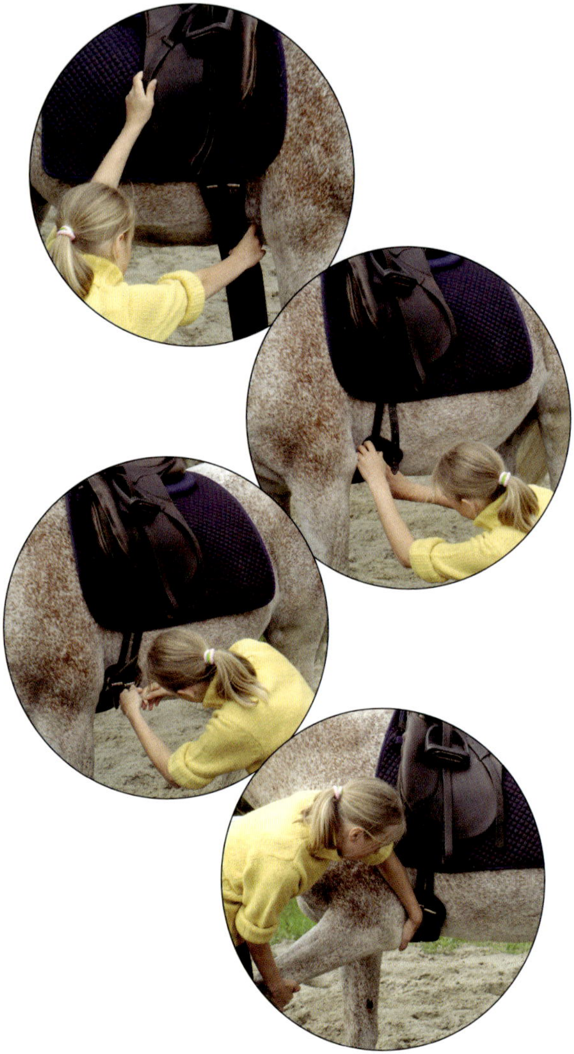

Halfter

Wenn du dein Pony von der Koppel holen oder im Stall anbinden möchtest, brauchst du ein Halfter. Für besondere Gelegenheiten wie Turniere kannst du ein Lederhalfter kaufen. Die meisten Leute bevorzugen zu Hause aber Kunststoffhalfter.

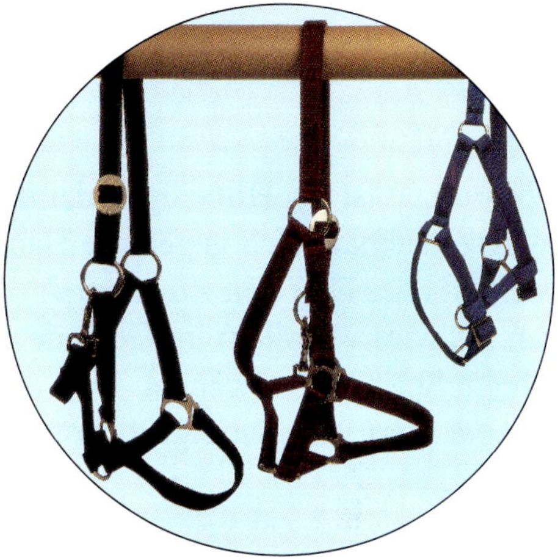

Noch mehr Sattelzeug

Martingal

Ein Martingal ist ein Hilfszügel, der das Pony davon abhält, sich gegen die Hand zu wehren oder über den Zügel zu gehen. Es wird vor allem im Gelände und beim Springen verwendet. Das Martingal führt vom Sattelgurt, wo er mit einer Schlaufe befestigt ist, zwischen den Vorderbeinen hoch zum Zügel. Richtung Kopf teilt sich der Riemen und endet in je einem kleinen Metallring, durch die die Zügel gezogen werden. Das Martingal muss so eingestellt sein, dass die Zügellinie bei normaler Hals- und Kopfhaltung des Ponys ungebrochen ist.

Schweifriemen

Ein Schweifriemen ist ein Lederriemen, der am hinteren Teil des Sattels angebracht wird und um den Schweif des Ponys geschnallt wird. Er verhindert, dass der Sattel nach vorne rutscht und wird vor allem bei Ponys mit wenig ausgeprägtem Widerrist angewendet.

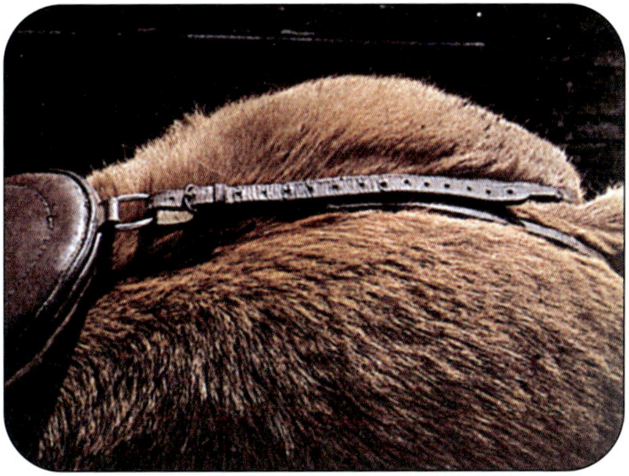

Vorderzeug

Das Vorderzeug ist ein um die Brust des Pferdes laufender Lederriemen, der verhindert, dass der Sattel nach hinten rutscht. Es wird vor allem bei Geländeritten mit Kletterstellen angebracht und kann mit einem Ringmartingal verbunden werden.

Pflege des Sattelzeugs

Es sieht nicht nur schön aus, sondern dient auch der Sicherheit, dass du dein Sattelzeug regelmäßig pflegst. Denn wenn du das nicht machst, wird das Leder brüchig und kann reißen. Zur Sattelpflege brauchst du einen Eimer warmes Wasser, zwei Schwämme, Sattelseife, einen Lappen (zum Beispiel ein altes Handtuch – frag deine Eltern aber vorher, ob du es auch wirklich nehmen darfst!) und eine Bürste. Und los geht's!

Die Pflege der Trense

1. Reinige das Gebiss mit klarem Wasser und entferne den Dreck mit den Fingernägeln. Trockne das Gebiss mit dem Lappen ab.

2. Mache einen der Schwämme nass, wringe ihn gut aus und wische damit über die Trense. Entferne dabei den ganzen Dreck, der sich angesammelt hat. Möglicherweise musst du den Schwamm mehrmals auswaschen und auswringen.

3. Tauche die Sattelseife in das Wasser und reibe damit über den anderen Schwamm. Mit diesem fährst du dann über die ganze Trense und reibst die Sattelseife gut ins Leder ein. Du wirst den Schwamm dabei mehrmals nass machen und wieder neu mit Seife einschmieren müssen. Tauche den Schwamm nicht ins Wasser, da es sonst zu sehr schäumt. Bei einer schnellen Reinigung kannst du die Trense zusammengebaut lassen. Bei einer gründlichen Reinigung hingegen musst du sie ganz auseinander nehmen und jedes Teil einzeln bearbeiten. Nur so kommst du an die Stellen unter allen möglichen Schnallen und Ösen und verhinderst, dass diese brüchig werden.
Dann wäschst du die Trense mit klarem Wasser ab.

Zum Reinigen einer Kunststofftrense verfährst du wie in Schritt 1 und 2 beschrieben.

Die Pflege des Ledersattels

1. Bürste trockenen Matsch und Haare aus dem Gurt. Wenn der Gurt aus Leder ist, musst du ihn mit einem feuchten Schwamm reinigen.

2. Wische mit einem Schwamm den Schmutz von den Steigbügeln und Steigbügelriemen und trockne die Steigbügel mit dem Lappen ab. Mach den Schwamm nass, wringe ihn gut aus und reinige dann die Unterseite des Sattels und der Sattelblätter.

3. Tauche die Sattelseife ins Wasser und fahre damit über den anderen Schwamm. Reibe die Sattelseife gut in alle Teile des Sattels ein. Wenn der Sattelgurt aus Leder ist, reibst du ihn ebenfalls mit Sattelseife ein.
Zum Schluss wäschst du alles mit klarem Wasser ab.

Aber Vorsicht!: Abwaschen heißt nicht, dass ganz viel Wasser auch besonders gut sauber macht. Du darfst Sattelzeug aus Leder nicht zu nass machen, da es sonst kaputtgeht. Also, sei sparsam mit dem Wasser!

Zum Reinigen eines Synthetiksattels verfährst du übrigens wie in Schritt 1 und 2 beschrieben.

Stallgeflüster

Nasses Sattelzeug reinigen

Wenn dein Sattelzeug nach einem Ausritt bei Regen richtig nass geworden ist, wird es beim Trocknen und brüchig. Entferne daher den Schmutz und den Schweiß und reibe das Sattelzeug mit einem speziellen Lederöl ein. Du kannst dazu die Finger oder einen alten Lappen nehmen.

Pferdekleidung

Natürlich haben Pferde auch Kleidung, zum Beispiel Decken, Bandagen oder andere schützende Ausrüstung.

Decken

Pferdekleidung ist aber nicht etwa die neueste Designermode, sondern besteht hauptsächlich aus funktionellen Decken. Man braucht sie, damit das Pony im Winter nicht friert, auf der Koppel nicht nass wird und vor Wind geschützt ist, damit es abschwitzen kann und um Fliegen fern zu halten. Wie du siehst, gibt es also eine ganze Menge. Welche das sind, erklären wir dir im Folgenden.

Stalldecken – halten geschorene Ponys und Pferde im Winter warm. Ein dünnhäutiges Pony mit nicht so dickem Fell kann eine Decke brauchen, auch wenn es nicht geschoren ist. Es gibt verschiedene Sorten von Stalldecken:

1. robuste Jutedecken (ein echter Klassiker!)
2. gesteppte Decken aus Baumwolle und Nylon
3. schicke Wolldecken

Jutedecken sehen ein bisschen aus wie Säcke und sind schwierig zu waschen und zu trocknen. Gesteppte Decken ähneln Schlafsäcken. Sie sind sehr leicht und einfach zu reinigen. Wolldecken werden nur in sehr teuren Ställen oder bei besonderen Gelegenheiten verwendet.

Alle Decken werden entweder mit einem Bauchlatz oder mit zwei übereinander gekreuzten Gurten um den Bauch an ihrem Platz gehalten. Die Länge kann individuell eingestellt werden. Sie sollten allerdings nicht zu eng sondern lediglich so eingestellt sein, dass die Decke nicht rutscht. Zwischen den Gurten und dem Bauch deines Ponys sollte eine Handbreit Platz sein.

Weidedecken – sind speziell für draußen, wenn das Pony im Winter auf die Koppel kommt. Sie halten warm und sind wasserdicht. Sie bestehen aus reißfestem Material, damit die Decke nicht beim Spielen und Herumtoben kaputtgeht. Eine spezielle Gurtung um die Hinterbeine sorgt dafür, dass die Decke nicht rutscht, wenn das Pony sich wälzt. Sie werden über Kreuz gegurtet, damit der Gurt nicht an der empfindlichen Stelle an der Innenseite der Beine scheuert. Manche Weidedecken haben auch so genannte Kapuzen, mit denen man den Hals des Ponys eindecken kann.

Fliegendecken – sind leichte Baumwolldecken mit Netzmuster, mit denen man die Fliegen fern halten kann.

Abschwitzdecken – sind meistens aus Fleece und sorgen dafür, dass ein verschwitztes Pferd abkühlen kann ohne sich zu erkälten. Abschwitzdecken transportieren die Nässe nach außen, sodass das Pony schön warm bleibt. Man kann sie auch zum Trocknen des Ponys verwenden, wenn es gerade abgespritzt wurde.

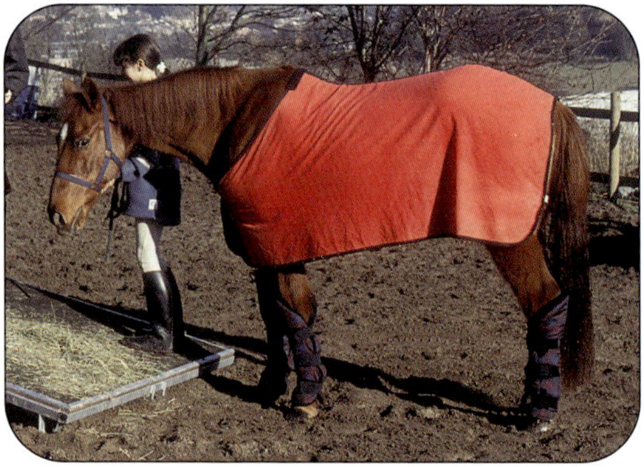

Ausreitdecken – sind Decken, die dem Pferd im Winter während des Trainings aufgelegt werden. Meistens werden sie bei geschorenen Ponys oder Pferden verwendet. Sie eignen sich jedoch auch sehr gut für empfindliche Ponys, die keine Kälte vertragen.

Regendecken – sind wasserdichte Ausreitdecken. Sie eignen sich vor allem dann, wenn das Pony keine Nässe verträgt.

Die richtige Größe

Es gibt Decken in verschiedenen Größen. Um die richtige Größe herauszufinden, musst du die Rückenlänge deines Ponys messen. Diese liegt zwischen dem höchsten Punkt des Widerrists und dem Schweifansatz. Im Zweifelsfall sollte die Decke immer eher zu groß als zu klein sein.

Reisezubehör

Wenn Pferde und Ponys auf Reisen gehen, brauchen sie ein spezielles Equipment, damit ihre Beine geschützt sind. Schließlich können sie sich beim Aus- oder Einladen verletzen oder sich während des Transports an der Hängerwand weh tun.

Transportgamaschen

Transportgamaschen sind ein dick gefütterter Beinschutz, der oben über die Sprung- und Karpalgelenke und unten bis über die Kronen reicht. Befestigt werden sie mit Klettverschlüssen.

Bandagen

Dicke Bandagen haben die gleiche Funktion wie Transportgamaschen. Sie werden über eine gefütterte Unterlage gewickelt, die bis über den Huf reicht. Achte beim Bandagieren darauf, dass die Unterlage gerade ist und keine Falten wirft. Wickele die Bandage um die Unterlage und achte wieder darauf, dass keine Falten entstehen und du nicht zu fest wickelst. Fange mit dem Bandagieren unter dem Sprunggelenk an und arbeite dich von dort nach unten.

Stallgeflüster

Bandagen aufrollen

Wenn du Bandagen nach dem Gebrauch aufrollst, legst du die Strippen des Klettverschlusses flach hinein und fängst von dieser Seite auch mit dem Aufrollen an. Bei der nächsten Verwendung ist der Klettverschluss dann am Ende der Bandage. Um zu verhindern, dass die aufgerollte Bandage wieder aufgeht, kannst du sie mit einem Gummiband sichern.

Am Fesselkopf angelangt, bandagierst du nun in etwas größeren Abständen wieder nach oben und befestigst die Bandage mit dem Klettverschluss. Bei zu fest angelegten Bandagen kann übrigens Haut absterben, was meistens nur zu weißen Fellflecken, manchmal aber auch zu einer Blutvergiftung führen kann. Spare deshalb nie bei der Polsterung!

Schweifbandage
Wenn das Pony sich öfter die Schweifrübe aufscheuert, kann man den Schweif bandagieren. Das hält ihn außerdem sauber und sorgt dafür, dass die Haare an ihrem Platz bleiben. Hier erfährst du, wie das geht:

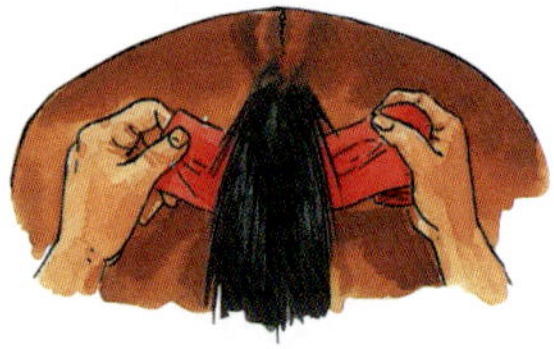

1. Lege die Bandage am oberen Ende der Schweifrübe an.
2. Die erste Umwicklung sollte etwas schräg sein, damit die weiteren sich gegenseitig überlappen können.
3. Bandagiere so weit nach unten, bis der Schweif nur noch ein bis zwei Handbreit rausschaut und gehe dann wieder nach oben.
4. Befestige die Bandage in der Mitte.

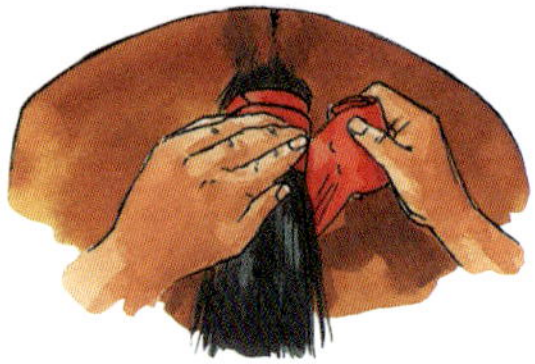

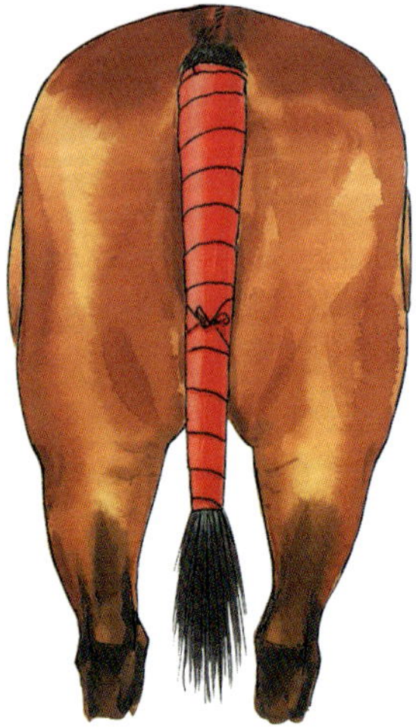

Aber sei ganz vorsichtig, denn bei einer zu fest angelegten Bandage kann die Schweifrübe absterben!
Im Fachhandel gibt es auch Schweifschoner aus Polyester (manchmal auch aus Leder) zu kaufen, den man ganz einfach mit Klettverschlüssen schließt.

Und schon bist du am Ende dieses Buches über die Grundlagen des Ponykaufs und der Ponyhaltung angelangt. Du hast also gesehen, dass es eine Menge zu lernen gibt, und bestimmt hast du auf den 200 Seiten dieses Buches auch einiges Neues erfahren. Doch eins ist ganz sicher: Du wirst im Umgang mit Pferden immer dazulernen, auch wenn du irgendwann ein großer Pferdefachmann bist.

Je mehr du weißt und je mehr du Pferde und Ponys verstehen lernst, desto mehr Spaß wirst du mit ihnen haben. Sich um sein eigenes Pony zu kümmern ist harte Arbeit, aber der Lohn ist fantastisch!

Glossar

Pferdefachausdrücke

Für den Fall, dass du ein paar Pferdefachausdrücke in diesem Buch nicht verstehst – diese Liste hilft dir:

Aalstrich – dunkler Fellstreifen, der entlang der Wirbelsäule über den ganzen Rücken läuft.

Abschwitzdecke – eine leichte, saugfähige Decke, die den Schweiß von der Haut nach außen transportiert. Wird dem Pony aufgelegt, wenn es auf der Koppel nass geworden ist oder nach der Arbeit schwitzt.

Anfängerpony – ein ruhiges Pony, das sich für einen Reitanfänger eignet.

Ankaufsuntersuchung – wird vor dem Kauf eines Ponys von einem Tierarzt gemacht.

Arabische Vollblüter – sind für viele die schönsten Pferde überhaupt. Hatten einen bedeutenden Einfluss auf die Entstehung und Veredelung vieler Pony- und Pferderassen.

Bandagen – geben Halt, schützen vor Verstauchungen, Prellungen und Verletzungen.

Cob-Typ – schwerer, untersetzter Pferdetyp.

Dressursattel – die langen Bügel beim Dressurreiten erfordern im Gegensatz zum Springsattel eine weniger weit vorgebaute Knielage, dafür aber ein längeres Sattelblatt.

Einflechten – die Mähne des Ponys (zum Beispiel vor einem Turnier) zu Zöpfen flechten.

Einstreu – besteht meist aus Stroh oder Spänen und sorgt dafür, dass das Pony in der Box eine trockene, weiche Unterlage hat. Sie sollte reichlich und sauber sein und mindestens ein Mal täglich gründlich ausgemistet werden.

Englisches Vollblut – DAS Galopprennpferd schlechthin, war maßgeblich an der Entstehung und Veredelung anderer Pferderassen beteiligt.

Exterieur – die äußere Gestalt eines Pferdes oder Ponys.

Familienpony – ein vielseitiges, gutmütiges Pony, das von allen Familienmitgliedern geritten werden kann. Es sollte daher groß und stark genug sein, um auch einen Erwachsenen tragen zu können.

Halbblut – Pony oder Pferd, von dem ein Elternteil ein Vollblut ist.

Hilfen – Signale, mit denen der Reiter dem Pferd zu verstehen gibt, was er möchte. Es gibt Gewichts-, Schenkel- und Zügelhilfen.

Hitzig – wird ein Pferd, wenn es viel steht und zu viel Kraftfutter bekommt.

Hufrehe – schmerzhafte Entzündung der Huflederhaut; meist sind beide Vorderhufe betroffen.

Huntertyp – ein ausdauerndes, sportliches Pony oder Pferd mit Springvermögen, das sich besonders für das Jagdreiten eignet.

Kleber – ein Pferd oder Pony, das nicht alleine ins Gelände geht, sondern immer einen Artgenossen dabeihaben möchte.

Kolik – schmerzhafte Verdauungsstörung, bei der sofort der Tierarzt gerufen werden muss. Sie äußert sich durch Scharren mit den Vorderbeinen, Rausstellen der Hinterbeine, Umdrehen zum Bauch, Schweifschlagen, Hinlegen,

Schweißausbrüchen, erfolglosen Versuchen zu äpfeln.

Koppen – gehört zu den Untugenden des Pferdes. Es gibt zwei verschiedene Arten: das Krippenaufsetzen und das Luftschlucken. Das Pferd spannt beim Koppen die Halsmuskulatur an und saugt Luft in die Luftröhre. Dabei entsteht ein Geräusch, das man auch den „Kopperton“ nennt.

Kraftfutter – besteht im Wesentlichen aus Getreide wie Hafer, Gerste und Mais. Sollte nur in kleinen Mengen über den Tag verteilt gefüttert werden.

Kreuzkraut – giftige Pflanze, die sehr gefährlich ist.

Martingal – Hilfszügel beim Reiten, der vor allem bei Spring- und Geländepferden angewendet wird. Es verhindert, dass das Pony oder Pferd mit dem Kopf nach oben schlägt.

Matratzenstreu – besteht aus gleichmäßig verteiltem, festgestampftem Mist, auf den das frische Stroh täglich aufgelegt wird.

Mauke – Hautentzündung in der Fesselbeuge, die bei Fortschreiten der Krankheit stark nässt. Ursachen dafür sind Nässe, Staub und Schmutz.

Mehlmaul – helle Partie um Maul und Nüstern bei braunen Pferden. Ein typisches Rassemerkmal des Exmoor Ponys.

Offenstall – ein zu einer Seite hin geöffneter Stall, in dem das Pony jederzeit freien Zugang zu Paddock oder Koppel hat.

Paddock – eingezäunter Bereich, auf dem das Pony steht, wenn die Koppel zu matschig ist.

Palomino – Pferd mit goldgelbem Fell, weißer Mähne und weißem Schweif.

Parasiten – zum Beispiel Würmer, die im Darm und manchmal auch in der Lunge von Ponys und Pferden vorkommen.

Pensionsstall – Stall, in dem Pferde und Ponys zur Miete stehen. Der Betreiber des Stalls kümmert sich darum, dass die Box gemistet und das Pony gefüttert und auf die Koppel gebracht wird.

Pferdepass – auch „Equidenpass“ genannt, ist in der EU vorgeschrieben und enthält wichtige Informationen über das jewei-lige Tier (zum Beispiel eine Beschreibung des Aussehens, Abzeichen, medizinische Behandlungen, und so weiter).

Reinrassig – Pferd oder Pony, dessen Eltern die gleiche Rasse haben und die beide in einem Hengst- beziehungsweise Stutbuch registriert sind.

Satteldruck – Schwellung durch verrutschte Satteldecke, Schmutz auf der Sattellage oder schlecht sitzenden Sattel. Weiße Stellen im Fell können zurückbleiben. Bei Satteldruck ist unbedingt eine Schonung des Pferdes angesagt.

Sattelzeug – Sattel, Trense und alles, was dazugehört (Satteldecke, -gurt ...).

Scheren – das Winterfell des Ponys kann man ganz oder teilweise scheren, damit es bei der Arbeit nicht so schwitzt.

Schulpony – Pony, das im Reitschulunterricht eingesetzt wird. Meist gehört es der Reitschule, manchmal aber sind es auch Privatponys, die von ihren Besitzern zur Verfügung gestellt werden.

Silage – wird ebenso gemacht wie Heu, allerdings in Ballen gepresst, bevor das Gras ganz getrocknet ist. Ist nährstoffreicher als Heu und empfiehlt sich bei Pferden und Ponys mit Stauballergie.

Springsattel – die Knielage muss wegen der kurzen Bügel weiter vorgebaut sein, während das Sattelblatt kürzer als beim Dressursattel ist.

Straßensicher – sollte dein Pony sein! Das heißt, dass es ohne zu scheuen an fahrenden Autos und vorbeigeht, nicht vor Traktoren erschrickt und auch sonst im Straßenverkehr nicht in Panik gerät.

Stutbuch – Register, in das Zuchtstuten eingetragen werden, die den Bedingungen des jeweiligen Verbandes entsprechen.

Temperatur – die normale Körpertemperatur eines sich im Ruhezustand befindenden Pferdes liegt zwischen 37,5 und 38,2 Grad Celsius.

Verziehen der Mähne – Ausdünnen der Mähne durch Auszupfen.

Vorderzeug – Lederriemen, der um die Brust des Pferdes läuft und verhindert, dass der Sattel nach hinten rutscht.

Weidedecke – wasserfeste, robuste Decke, die du deinem Pony auf der Koppel auflegen kannst, damit es nicht nass wird und sich nicht schmutzig macht. Geschorene Ponys sollten den ganzen Winter über eine Decke tragen.

Westernsattel – Sattel der Cowboys; eignet sich besonders gut für lange Ritte.

Wurmkur – sollte regelmäßig durchgeführt werden. Bei der Vielzahl von Wurmarten empfiehlt es sich, dem Tierarzt eine frische Kotprobe zu geben, damit er weiß, welche Wurmkur sich am besten eignet. Starker Wurmbefall kann übrigens auch zu Koliken führen. In den meisten Pensionsställen werden die Ponys und Pferde alle drei Monate entwurmt.